RUHSAL HARİTAM KENDİNE UYANIŞ

Kevser Demet

Yayın Yönetmeni: Ayşen Bozkuş
Yayıma Hazırlayan: Ayşen Bozkuş
Düzenleme: Beyza Keskin
Kapak Tasarımı ve Sayfa Düzeni: Elif Kar

1. Baskı, Nisan 2021, İstanbul
ISBN: 978-625-7099-37-0

Sertifika No: 46603

Müptela™ Penguen Kitap - Kaset Bas. Yay. Paz. Tic. A. Ş.'nin tescilli markasıdır.
Caferağa Mah. Neşe Sok. 1907 Apt. No: 31 Moda, Kadıköy - İstanbul
Tel: (0216) 348 36 97 – Faks: (0216) 449 98 34 - www.ilknokta.com

Kapak, İç Baskı: Deniz Ofset Matbaacılık
Maltepe Mah. Hastane Yolu Sok. No: 1/6 Zeytinburnu-İstanbul
Tel: (0212) 613 30 06
Sertifika No: 48625

RUHSAL HARİTAM

KENDİNE UYANIŞ

KEVSER DEMET

müptela

“Siz çağırdınız, ben de geldim.”

***

İçindekiler:

Kıymetli okuyucularım,
Siz Ruhsal Haritam Tohumdan Çatlamak sevenlere son sayfalarda uygulamanız üzere dört adımdan oluşan, danışanlarıma da verdiğim ödevlerden hazırladım. Kitabınızı bitirince bu ödevleri eksiksiz yapıp ardından kendi olumsuz, negatif kalıplarınızın kolaylıkla dönüştürücüsü olabilirsiniz.
Sihirli bir yolculuk ile
çokça mucizeler diliyorum sizlere.
Keyifli okumalar.

Kod Adı: Sabahat
İkinci Bölüm

Bu sabah Sabahat Hanım'ın seansının heyecanı olduğu için alarmımı biraz erkene kurmuştum. Kendisi bana en son nisan ayının son haftasında gelmişti ve ilk seansını gerçekleştirmiştik. O gün kendisi aklıma mıh gibi çakılıp, ruhuma can gibi yapışarak gitmişti. Hem yeni bir dostluğun hem de yepyeni bir dönüşümün ilk adımını nisan ayı içerisinde birlikte, beraberce atmıştık.

Aradan bir ay kadar geçmişti ve bizim ikinci seansımızın randevusu bugündü! Bu ara seansımız, Sabahat Hanım'ın ruhsal kapılarının yeniden bambaşka yerlere aralanıp açılacağı gündü…

Sabahat Hanım'ın hikâyesini Ruhsal Haritam serimin ilk kitabı olan Tohumdan Çatlamak'da son bölüm olarak yazmış ve sizlere spiritüel vaka aktarımında bulunmuştum. Ve hikâyenin söz verdiğim gibi ara seansını Ruhsal Haritam'ın ikinci kitabı olan Danışan Hikâyeleri'ne taşıdım ve de ilk bölüm olarak yeniden dönüşümün süreçlerini kendisinden izin aldığım kadarıyla sizlere aktaracağım. Kendisinin yine izin verdiği sürece bütün seanslarının dönüşüm hikâyelerini yazmaya devam edeceğim.

Artık mevsim güneş ile arkadaşlığını oldukça arttırmış olduğundan yaz sıcağını hissettiren bir zaman dilimde uyanıp camımı açtığımda cıvıl cıvıl kuşların şarkılarını dinliyor, yeşilin en açık, en taze tonunu seyrediyordum. Gökyüzü tüm narinliği ile mavisini, bulutlar ise bütün zarafetini biz insanoğlu için yeryüzüne sergiliyordu.

Ne şahane bir havaydı!

Ve nasıl da her şeyi büyülü bir sabahtı bu!

Ben yaz çocuğu olduğumdan mı bilmiyorum ama şu an kemiklerimde ve iliklerimde hissettiğim güneşin bu zarif dokunuşunu çok seviyorum.

Camın önünde sakin sakin derin nefesler alıp günlük beden terapim ile güne hazırlanma meditasyonumu yapmış, bu şahane güne kendi enerji alanımı da hazırlamıştım. Önce güzelce bir kahvaltı yapıp ardından hazırlanarak, iş yerim Mavizihin'in yolunu tutmuştum.

Sabahat Hanım ile bu defa randevumuz saat 11.00'da idi. Ama ben yine de oldukça erken uyanıp daha zinde gelmeyi planladığım için iş yerime 09.20 sularında gelmiştim. Bu arada Sabahat Hanım'ın bana ilk geldiğinde aldığım notlarıma bakıp dosyasını okudum biraz. Zira üzerinden bir ay geçmişti, biraz hafızamı ve o güne dair yaşadıklarımızı tazeledim zihnimde.

İçimde en az Sabahat Hanım kadar büyük bir heyecan vardı benim de.

Acaba neler olacaktı bu ara seansımızda?

İlk seansta yaşadıklarımızdan dolayı az çok öngörüde bulunabiliyordum. Büyük ihtimal enkarne edilmiş bir ruhun serüveni ile yüzleşecektik. Biraz daha bu ruhunun lügatına inip yaşamakta olduğu bu karmaların kime ait olduğunu, kim, kime miras bırakmış ve bunu nasıl yansıtmış bulma yoluna girecektik. Çünkü elimdeki notlarım, öngörüm ve seansımızın ilk sürecinin toplamı karma yasasına çıkıyordu.

Karma yasası bir hak yasasıdır. Ektiğini biçme hâlidir. İlahi sürecin kişiye yaşattığını yaşatarak (iyi ya da kötü) muhakeme etmesidir. Ayrıca atalardan miras kalabilen, DNA'lardan geçiş sağlayan veyahut kendi yaşam sürecinde oluşturduğun bir hak yasasıdır bu. Şifalanıncaya kadar da evlattan toruna miras gibi geçişleri olan bir yasa ve de ilahi adalettir.

Saat 09.50 sularında telefonum çaldı. Arayan Sabahat Hanım'dı.

Kevser Demet: Alo, merhaba Sabahat Hanım…

Sabahat Hanım: Günaydın Kevser Hanım. Nasılsınız?

Kevser Demet: Çok teşekkür ederim ben iyiyim. Peki, siz nasılsınız?

Sabahat Hanım: Ben de iyiyim Kevser Hanım, teşekkür ederim. Uyuyamadım, galiba heyecan yaptım. Çok erken uyandım bu sabah.

Kevser Demet: İnanır mısınız? Ben de bu sabah aşırı erken uyandım ve erkenden de geldim iş yerine.

Sabahat Hanım: Ben de ondan dolayı aradım, isabet olmuş. Eğer randevu saatimden önce gelmem sorun olmazsa geleyim mi diye soracaktım size.

Kevser Demet: Lütfen gelin, daha iyi olur. Benim de hazırlıklarım bitti zaten ve saatimizin gelmesi için zaman dolduruyordum. Ne iyi ettiniz aramakla. Çayımızı hemen demleyip bekliyorum o hâlde sizi.

Sabahat Hanım: Kahvaltı yaptınız mı Kevser Hanım? Gelirken kahvaltılık poğaça falan alayım fırına uğrayıp.

Kevser Demet: Siz yaptınız mı?

Sabahat Hanım: Sanırım heyecandan oldu, denedim ama hiçbir şey yiyemedim.

Ben de kahvaltısını yapmadığını duyunca tok olduğumu söylemek istemedim. Hem benimle biraz bir şeyler yemiş olur hem de seansa aç girmesini önlemek adına yanıt verdim.

Kevser Demet: Aslında çok erken uyandığım için yapmış olmama rağmen sanki biraz acıkmaya başladım. Zahmet olmayacaksa ve madem birlikte kahvaltı yapacağız, olur tabii yerim.

Sabahat Hanım: Ne seversiniz, size ne alayım?

Kevser Demet: Bir tane kaşarlı poğaça ya da sade açma olabilir.

Sabahat Hanım: Aman siz de Kevser Hanım, bir tane açma ile doyulur mu?

Kevser Demet: Eğer hiçbir şey yememiş olsaydım kesinlikle doyulmazdı. Haklısınız.

Sabah Hanım: Ben yine de iki tane alacağım.

Kevser Hanım: Hay hay, tek şartla, ardından sahile inip onu eritene kadar birlikte koşacağız.

Gülüşüyor, ardı ardına şakalar sıralıyorduk. Evinin yakınlarında bir fırın varmış, sıcak sıcak alıp hemen geleceğini söylerken o sesindeki heyecan ile bana duyduğu güven dolu titreşim yansıyordu. Bu yansıma ise beni çok mutlu ediyordu. Karşılıklı yoğun bir sevgi bağımız oluşmuştu ve kalbi duygular ile her geçen süre içerisinde de pekişiyordu.

Derler ya hani, illa kan bağına gerek yok diye! Can bağı gerçekten daha güçlü oluyor bazen...

Sabahat Hanım: Sizinle seve seve koşarım lafı bile olmaz. Söz.

Kevser Demet: Anlaştık o zaman. Hemen çayımızı demleyeyim de demini alsın siz gelene kadar.

Sabahat Hanım: En fazla yirmi dakikaya orada olurum. Çok öpüyorum.

Kevser Demet: Açtım kollarımı o zaman sarılmak üzere bekliyorum. Görüşürüz...

Hemen mutfağa yönelip çayımızı demlemek üzere işe koyuldum. Bir tütsü de mutfağa yaktım ve her odadan sandal ağacı kokusu mis gibi yükselmeye başlamıştı. Camları da açtım, tertemiz oksijen dolup bahardan dönme yaz kokulu güneş sızıyordu odalara.

Dilimde ise çok eskilerden ve sözlerini zor hatırladığım bir şarkı vardı:

Ben bir garip kuş idim.
Dalına konmuş idim
Ben bir garip kuş idim
Kapına düşmüş idim
Neden bana kışt dedin?
Ben senin olmuş idim
Niçin de bana kışt dedin?
Ben sana gelmiş idim!
Pencereden kuş uçtu
*Yandı yürek tutuştu**

Çocukluğumdan kalan bu şarkıyı babam plaklarından dinlerken ben de öğrenmiştim. Keyiflenmiş, şarkıyı az çok hatırlayarak kendimce söylemeye devam ederken, kapının zili çalmıştı. Gelen Sabahat Hanım'dı çünkü zaten beklediğim misafirim de ondan başkası değildi.

Kocaman sarıldık. Elindeki poşetten mis gibi kokular geliyordu. Gerçekten dediği gibi poğaçaları fırından sıcak sıcak koşup yetiştirmişti. Çayımız da artık demini aldığına göre keyifli bir kahvaltı yapma zamanımız gelmişti. Mutfağa geçtik birlikte ve çantasından bir kavanoz yoğurt çıkartıp masaya koydu.

Sabahat Hanım: Ben dün yoğurt yapmıştım, size geleceğim için bu kavanozu özellikle ayrı koyarak mayalanmaya bıraktım. Afiyet olsun. Umarım beğenirsiniz.

---

* Sözleri Seyhan Çek' e ait bir şarkı

Kevser Demet: Çok zarifsiniz, inanın çok kıymetli bu benim için. Kendi elleriyle yapılan, üstelik sevgi ile mayalanmış bir yoğurt uzun zamandır yememiştim. Ellerinize sağlık Sabahat Hanım. Belli ki mutfakta oldukça beceriklisiniz. Vallahi bravo.

Sabahat Hanım: Yok canım, öyle büyük şeyler değil. Eh işte, annemden öğrendiklerim kadar. Biraz da sağdan, soldan, internetten derken ortaya bir şeyler çıkarıyorum. Beğenirseniz lafı bile olmaz ne zaman isterseniz seve seve yaparım. Bunu laf olsun diye de demiyorum, inanın kalben söylüyorum. Çok samimiyim.

Kevser Demet: Hiç şüphem yok, vallahi yaparsınız. Cansınız siz can…

Biz demini almış tazecik çayımız ve dumanı üzerinde kahvaltılıklarımızla keyifli bir sohbet eşliğinde yarım saat gibi bir süre geçirdik mutfakta.

Ardından her ikimiz de seans için heyecanlı olduğumuzdan çok da zaman geçirmeden terapi alanım olan, danışanlarımın Sihirli Oda diye isim koyduğu odaya geçtik. Sabahat Hanım'ın hazır olması ve rahatlaması için biraz oyalandım. İlk olarak Halo terapi ile başlayacaktım ve bu terapiye danışanlarımı bikini ile yatırıyorum. Çünkü bu terapi esnasında özel taşlara sahip olan yatak tozlaşarak hücre zarından vücuda nüfus ediyor ve kişiye mineral desteği sağladığı için bikinili olması şart. Aklınıza söyle bir soru geliyor olabilir: "Peki, taş olan bu yatak kışın soğuk olmuyor mu?"

Bu yatak ısı dereceli olmasından dolayı danışanlar kış aylarında asla üşümek gibi bir durumla yüz yüze kalmazlar. Kalmadıkları gibi tam tersine terapi süresinden daha fazla yatakta kalmak isterler. Çünkü yatak sizi bir yandan topraklarken ısısı da iyice gevşeterek beden ve zihinsel olarak muhteşem bir şekilde rahatlama sağlar.

Vücudun çıplak olan bölümlerinden ise bu özel taşlar sürekli olarak tozlaşıp hücre zarınızdan içeri mineral desteği olarak geçiş yapar.

İlk kitabım olan Ruhsal Haritam Tohumdan Çatlamak'da Halo terapinin içeriğine oldukça geniş yer verdim, dilerseniz oradan da okuyabilirsiniz.

Sabahat Hanım hızlıca hazırlanmıştı. Ardından yatağa uzandı ve önceki seanstan dolayı deneyimli olduğundan ben söylemeden kendisi nefes çalışmaya başlamıştı bile. Gözlerinden ve her ne kadar sakince almaya çalışsa da nefesini göğüs kafesinden almasından heyecanının büyüklüğü çok belliydi. Hazır olup olmadığını kontrol edip ardından nefes dengesi için aynı nefese ben de senkronize olarak seansımıza başladım.

Yaklaşık on dakika kadar düzenli olarak nefes dengesi yaptık. Artık beden gevşemiş ve zihinsel telaşı neredeyse en aza inmiş durumdaydı. Halo terapinin vücudu topraklaması ve hafif ısı derecesi sayesinde Sabahat Hanım'ı iyice terapinin ileriki sürecine hazırlamıştı. Genel sıralamayla acele etmeden, tek tek dengelemelerini yapıp çakralarını aktifleştirdim. Ardından Hz. dalgası ile bütün vücudunu ve enerji beden katmanlarını yeniden akort ettim. Negatif geçişleri, olumsuz kordonları, kendine ait olmayan alan kopyalarını ve pasif geçişlileri yeniden kontrol ederek kordon bağından kestim. Bakış açısıyla yaratımında bulunduğu, negatif yaratımları bilinçli bilinci ile yeniden yapılandırdık. Neredeyse iki saat kadar geçmişti bile. Ama Sabahat Hanım'a yarım saat gibi geliyordu çünkü kendisi öyle söylüyordu. Her danışanım terapi sonunda bu cümleyi kuruyor genellikle bana. En az üç saat geçirip hepsi de yarım saat gibi hissettiklerini dile getiriyorlar bu odadayken.

Bu süreçleri bitirip şimdi sıra soru cevap gideceğimiz bölüme gelmişti. Sabahat Hanım'a yine kayıt alıp alamayacağımı sorduğumda hiç sorun etmeden izin verdi. Bir önceki terapimizde Sabahat Hanım'ın babaannesinin enkarne edilen ruhunun, karmasını ve ipuçlarını kendisinin yaşam izlerinde beraberce bulmuştuk. Bakalım şimdi bu spiritüel terapi ile nereye yol alacağız ve neleri dönüştürüp bulacağız?

Birkaç kişisel ve özel sorudan sonra bir önceki terapimizin kaldığı yerinden devam etmeye ve devam bölümünü çok az sansürleyip izin aldığım kadarıyla sizlere aktarmaya gayret edeceğim.

Kevser Demet: Sabahat Hanım, bana biraz babaannenizi anlatır mısınız? Kişilik özelliklerini vs.

"Sağ mı? Ölü mü?"

Sabahat Hanım: Babaannem enteresan bir kadınmış! Anlatayım. Annem akşamdan bahçeye leğene çamaşır ıslatırmış, kirleri sabaha kadar çözülsün, kabarsın diye ama babaannem tüm ev halkı uyur uyumaz gidip onların üzerine kakasını yaparmış. Çok eziyet etmiş anneme. Daha ben doğmadan da ölmüş kendisi. Ben ortalıkta yokmuşum bile yani... Annem hamile falan değilmiş. Annemlerin anlattıklarından biliyorum ben de olan olayları.

Kevser Demet: Annenizle aynı evi paylaşıyorlarmış, doğru mu anladım? Gelin kaynana mı oturuyorlarmış?

Sabahat Hanım: Yok hayır, bahçeleri müşterekmiş, evlerin kapısı aynı bahçeye açılıyor ve ortak alan olarak kullanıyorlarmış. Eski evleri bilirsiniz, geneli müstakil ve bahçeli olur. Mahalle kültüründe olan evler. Şimdiki gibi sitelerden değilmiş. Aslında bunların yanı sıra annem hep der ki, "Rahmetli aşırı dürüst ve becerikli kadındı."

Babaannem çok güçlü, ayakları üzerinde durmayı bilen, kimseye gebe kalmayan ve aşırı dominant olan bir kadınmış. Anneme çok çektirmiş olmasına rağmen annem hep, "Aşırı namuslu, aşırı dürüst kadın," derdi. Yani kesinlikle kendi başının çaresine bakabilen, kendine yetebilen ve de cabbar biriymiş babaannem.

Annem de hep bana, "Ne çok benziyorsun babaanne-ne," derdi.

Kişilik özelliklerimi bütün ailem ve babaannemi bilen geniş çevrem hep ona benzetirler. Bunu duymaya çok alışığım ve görünüşüm haricinde resmen babaannemmişim kişilik, karakter olarak. "Boyun posun, yüzün, gözün değil ama huyun, suyun, her hareketin aynı babaannen," derler. Aslında anlatılan karaktere ben de kendimi çok benzetiyorum bazen. Hatta çoğunlukla desem daha da doğru olur.

Mesela asla kimseye muhtaç olmam. Kendi başımın çaresine her zaman bakmayı bilirim. Dürüstüm, boynumu vuracaklarını bilsem yine dürüst olurum, öyle de kalacağım. Dominant yanım da var, bu da doğru. Hiçbir zaman el avuç açmam, bu kim olursa olsun. Üstelik dikkafalıyımdır ve burnumun dikine gitmeyi severim.

Aslında ya benziyorsun diye diye benzettiler ya da ben gerçekten babaanneme çekmişim. Her kişilik özelliğimi ondan almışım. Ben de her koşulda, her şartta mutlaka çözüm bulurum. Görünüşüm haricinde sahiden aynıyız biz.

Kevser Demet: Kayınvalidesi o kadar eziyet etmesine rağmen sizin de anneniz çok dürüstçe, hakkını yemeden sizlere doğru olarak aktarmış. Annenizin ne kadar kişilikli bir kadın olduğunu gösteren veriler bunlar da. Vallahi bravo. Bu durumu her gelin bu denli sağlıklı yönetmez, yönetemez. Duygularına bir şekilde yenilir. Evlatlarına eziyet yanlarını anlatır, doğruları ve güzellikleri pek dillendirmez.

Sabahat Hanım: Yok hayır, asla annem bize babaannemi kötülemedi, tam tersine içten içe ona hayranlık duyardı ve severdi de. Evet, bu sahiden tuhaf ama öyleydi. Belki babaannem de annemi severdi ama gösteremezdi, kim bilir? Eski zamanlarda bu pek gösterilmeyen duyguymuş ya hani ayıp sayılırmış, belki ondan dolayı o da sevgisini gösteremedi.

Belki de annem dul olduğu içindi ve bunca eziyeti annemin iki çocuklu dul olarak bekâr babam ile evlenmesinden bu denli büyüdü. Çünkü babaannem bu evliliğe asla rıza gösterip kabule geçmemiş. Hazmedemediği bir durum olmuş. Bekâr oğluna iki çocuklu dul kadını almak!

Kevser Demet: Bilirsiniz insanlar üzerinde toplumsal bir baskı kurulur böyle durumlarda ve olayın içinde olan kişiler ise o baskının kurbanı olup gerçek düşünce ile duygularını yansıtamazlar olaylara. Babaanneniz böyle toplumsal bir baskı, toplumsal öğretiler ile hareket etmiş de olabilir. Ardından olayların seyri birbirini takip eder ne yazık ki… Kişi değil toplumsal bakış açısı ve öğretiler yönetir olayları ve bu durum doğruymuş gibi bir kalıba girdiğinden de o kalıbında sürer gider.

Sabahat Hanım: Evet, kesinlikle size katılıyorum. Babam ile annem büyük aşk yaşayarak evlenmişler. Annem dürüstçe dul olduğunu ve iki evladı olduğunu babama tanıştıkları anda söylemiş. Babacığım asla bunu engel olarak görmemiş, üstelik görmediği gibi de direkt bağrına basmış. Daha sonraki süreçlerde de annemin eski evliliğinden olan çocuklarını hiç kendi evladından ayırmamış. O denge hep en doğru şekilde tutulmuş, asla terazinin bir ucu diğerine ağır gelmemiş.

Kevser Demet: Sizin dünyaya gelme süreciniz bu hikâyenin neresinde başlamış?

Sabahat Hanım: Babaannem ölünce annem hamile kalıyor. Ben ortak çocukları olarak ailenin üçüncü ama annemle babamın birinci evladıyım. Çünkü her an tetikte olmaktan, bir şekilde dış etkenler bizi ayırır korkusundan çocuk yapmamışlar. Kısacası çok sonradan olan ortak ve tek çocuklarıyım.

Babaannemin rahmetli olmasının üzerinden altı yedi ay geçmeden annem bir rüya görmüş!

Kevser Demet: Nasıl bir rüya bu? Anlatıldı mı size?

Sabahat Hanım: Evet, annemin hiç unutamadığı bir rüya olduğundan çok defa dinledim kendisinden.

Kevser Demet: Anlatır mısınız biraz bana da bu rüyayı?

Sabahat Hanım: Elbette... Annem bir gece yatınca rüyasına babaannem gelmiş! Onu görünce çok ağlamaya başlamış. Babaannem demiş ki anneme, "Neden ağlıyorsun?" Annem ise, "Sen öldün ya nasıl geldin yeniden? Onun için ağlıyorum," demiş. Babaannem ise, "Ne ağlıyorsun ben gittiysem yerime bunu yolluyorum," demiş. Hani o eskiden duvardan duvara kurulan bezden çingene salıncakları olurdu, bilir misiniz?

Kevser Demet: Evet, gayet iyi bilirim. Ben de Kahramanmaraş'ta büyüdüğüm için orada da oldukça çok kurulduğundan biliyorum.

Sabahat Hanım: İşte babaannem o salıncağın içinde yatan bir çocuk göstermiş ve "Ben öldüysem yerime bunu yolluyorum," demiş. Annem de babaannemin işaret ettiği salıncağın içine bakmış ve bir bebek görmüş, uyuyormuş. Bu rüyanın üzerinden çok geçmeden annem hamile olduğunu öğrenmiş! Bana hamileymiş. Anlatırdı arada rüyasını ve hep der ki annem, "Rüyamda bana babaannenin gösterdiği o bebek olarak doğdun. Resmen seni daha doğurmadan önce gördüm. Doğumda ise ebe seni ilk tutup yukarı kaldırdığında da bayağı saçlı başlı, inanılmaz bir güzellikteydin. Resmen saçların bağlanacak kadar uzundu ve rüyamda gördüğüm o bebek sendin..."

Kevser Demet: Ne kadar ilginç bir eşleşme olmuş. Peki, babaannenin hayatının kesitlerinden ve anlatılanlardan bildiğiniz kadarını anlatabilir misiniz biraz?

Sabahat Hanım: Evet, aynen öyle Kevser Hanım. Anlatayım, babaannemin oğlu ile arasındaki problemleri çok anlatılırdı ve dedemin hapiste ölmüş olması!

Kevser Demet: Nasıl yani, dedeniz neden hapiste ölmüş?

Sabahat Hanım: Olay şöyle olmuş, benim babam çok tembel bir çocukmuş ve ders çalışmazmış. Babaannem de evlatları okusun, gelecekleri kurtulsun diye çok uğraşmış. Elinden geldiği kadar okutmaya gayret etmiş. Kendisi okuyamadığı için bunun ne demek olduğunu çok iyi biliyormuş. Bir gün evde fasulye ayıklarken ev halkının hepsi de mutfakta imiş. O arada babam yaramazlık yapıyor, babaannem de uslu olmasını söyleyip ders çalışması için onu odasına yönlendiriyor. Tabii babam çok yaramazmış, dinler mi? Hiç takmıyor ve bu duruma öfkelenen babaannem elindeki fasulye ayıkladığı bıçağı babama doğru tutarak üzerine yürüyor. Onu gören dedem ise, "Yapma hanım, bırak o bıçağı, çocuğu korkutuyorsun," deyip elindeki bıçağı almaya çalışırken, babaannemin orta parmağı koparak kesiliyor! Hemen apar topar hastaneye gidiyorlar ve babaanneme müdahale ediliyor. Doğal olarak polis olaya el koyuyor çünkü ortada bıçakla yaralama var. Polisler dedemi orada tutuklayıp gözaltına alıyorlar. Babaannem ise durumun kaza olduğunu söylese de dedem mahkemelik oluyor. Bu durum en sonunda kamu davasına dönüyor anlayacağınız. Dedem bu davadan ceza alıyor. Babaannem ne kadar mahkemede, "Ben çocuğuma ders çalışmıyor diye kızıyordum ve o an yemek yaptığım için elimde bıçak vardı, eşim ise onu bir kaza olmasın diye elimden alırken bu durum gelişti. Her şey kaza ile oldu," dese de dedem ne yazık ki kamu davası ile ceza alıyor.

Anlayacağınız dedemin bu olayda hiç suçu yokken durduk yere hapse girmesine neden oluyor. Bunun üzerine dedem suçlanmayı hazmedemiyor ve fazla sürmüyor arası kahrından hasta olup hapis damlarında ölüyor.

Ve o yüzdendir ki babaannem oğlunu yani babamı hiç affedemiyor. Ben de babaannemin babamı hiç affetmediğini, hiç sevmediğini düşünüyorum. Çünkü ailesinin felaketine ve dağılmasına neden olarak görmüş oğlunu hep. Kendisi genç yaşta dul kalmış. Kıt kanaat geçinerek çocuklarını büyütmüş. Zorluklar ile dolu bir yaşam çilesi sürmüş.

Kevser Demet: Aslında burada bir şey paylaşmak istiyorum sizinle Sabahat Hanım. Ölmüş birinin affedemediği her kim varsa onunla yeniden saf sevgiye dönüşene kadar ruhlar eşleştirilir! Birbirine verilir. Bu eşleşmede bazen evlat olarak gelir, bazen sevgili, bazen akraba ve bazen de komşun gibi denkleştirilir. Ta ki bu durum gerçekten saf sevgiye dönüşüp temizlenene kadar da devam eder. Acaba bu karmayı siz şifalandırmak üzere gelmiş olabilir misiniz?

Biraz sessizlik oldu ve irkilerek yeniden anlatmaya başladı Sabahat Hanım.

Sabahat Hanım: Ben bu olayları, bu yaşananları on yıl kadar oldu öğreneli. İlk öğrendiğimde aşırı etkilendim. Benim yaşamıma aşırı benzeyen yanları var! Mesela benim de bu ikinci evliliğim. Tıpkı annem gibi iki çocukla bekâr bir adamla evlendim. Bizim de ortak bir tane çocuğumuz var. Eşim de asla benim çocuklarımdan kendi çocuğunu ayırmadı. Tuhaf olan ise ben de en büyük oğlumla kavgalıyım, on beş yıl kadar oldu doğru düzgün iletişim kurmuyoruz. Arada öyle soğuk bir haberleşme içerisindeyiz.

Görüyor musunuz Kevser Hanım? Aaa konuştukça neler çıkıyor ne kadar benziyor hayatım annemle babaanneme? Biz de eşimle büyük aşk yaşayarak evlendik. Resmen aynı hayatlardan geçmişim. Nerdeyse aynı sınavlar, aynı konular ile. Konuştukça fark ediyorum. Şu an şok içerisindeyim.

Ben resmen saf sevgi ile dönüşmek üzere oğlumla gelinime evlat olarak enkarne edilen babaanneyim...

Bu durumda o zaman asla onaylamadığım gelinimin de hayatını yaşıyorum... Gelinim annem olmuş benim! Gelinimin hor gördüğüm hayatının tam merkezindeyim. Kendi kaderim olarak anlayış göstermediğim durumların aynısını yaşıyorum…

Rabbim çok büyüksün!

Bu nasıl ilahi şekilde tasarlanmış bir geri bildirim? Kimse kimseye laf etmesin, yargılamasın, önce durup ben kimim desin. Sevgi ve hoşgörü ne büyük dönüşümmüş meğer. Net bir şekilde şu an ben mesajlarımı aldım. Çok şükür, bin şükür ya Rabbim…

Sabahat Hanım'ın hayatında ve yaşadıklarında taşların yerine oturduğu bir ara seans yaşıyorduk. Konuştukça kendisi de farkına varıyordu olayların ne denli aynı olduğunun. Sabahat Hanım aslında sevgi ile dönüşüp şifalanmak üzere gelen babaannesiydi! Evlat olarak gelinine gelmiş.

Annesiyle aynı kaderi paylaşması ise geçmişte onu yargılayan ve onun durumunu kınayan, enkarne edilen babaanne olarak aynı duyguyu yaşıyordu. Aynı zorluklardan geçiyordu. Bu durum en ince ayrıntısına kadar nasıl da güzel tasarlanmış ilahi bir sınav verdiriyordu!

Sabahat Hanım kendinin ve yaşadıklarının farkına daha ikinci seansla hızlıca varmıştı. Konuşma sonunda hüngür hüngür ağlayıp sevgiyle her olanı fark edip temizlenmesi için gerekli kabule koşulsuzca girmişti. Böylece bu karmanın diğer evlatlara yansıyıp yıllarca sürmesi de bu şekilde dönüşerek, sonlanıp şifalanmıştı.

Sabahat Hanım'ın özgürleştiği, tamamen taşlarını yerine oturttuğu bu süreçte sizlere her şeyi anlattım. Bundan sonra her seansını kendisi de izin verdiği sürece yine yazmaya devam edeceğim.

Unutmayın, en büyük dönüşüm sorun ettiğiniz olayları gerçekten ve gerçek manasında yargılamadan farkına varmaktır. İçine girip onu anlamak ve özüne inmektir.

Sonsuz ışık ve sevgiyle kalın…

***

ANKARA
Bilkent Center

Kitabımın kitabımın ilk baskısı çıkalı henüz üç dört gün kadar olmuştu. Ankara'ya Bilkent Center'da düzenlenen fuara ben de imza günü etkinliği için yayıncım tarafından davet edilmiştim. Kitap çok yeni çıktığından henüz duyuruları gerçekleşmediği için de katılımcım olur mu diye endişelerim vardı doğrusu.

2018'in 27-28 Ekim aralığında ilk defa Ankara'ya bu etkinlik için gidiyor olacaktım. Bu tarihlerin tesadüften öte bir anlamı vardı benim için. Çünkü hep Anıtkabir'i ziyaret etmek istemiştim ve iki defa tam gidecekken başka nedenlerden uçak biletim her defasında iptal edilmek durumunda kalmıştı. Ulu Önderim Atamı da 29 Ekim gibi çok anlamlı bir günde ziyaret edebilme fırsatı bulacağımdan dolayı heyecanım ikiye katlanmıştı. Endişelerimi bir kenara bırakıp kitabım yeni de olsa bu etkinliğe dâhil olmaya ve Ulu Önderim Atatürk'ü görmeye bu defa gitmeliydim. Ve tereddütlerimden sıyrılıp gitmeye de karar verdim.

27 Ekim günü, cumartesi sabaha karşı saat 05.00 sularında eşim Ali ile Ankara'ya imza günü etkinliği için İstanbul'dan yola koyulduk. Beylikdüzü'nden İstanbul boğaz köprüsüne bir saat gibi bir sürede varmıştık ve

bizim planımız İstanbul'un sabahları oluşan o çetrefilli trafiğine yakalanmadan köprüyü aşmaktı. Öyle de oldu. Artık acelemiz yoktu, daha sakin, keyfine vararak yolculuğumuz Ali'nin şoförlüğünde ilerliyordu. Yaklaşık beş saat kadar sürecek olan yolculuğumuz boyunca her fırsatta gördüğümüz güzel mekânlarda durup bir kahve ve de çay molası verelim diye düşünüyorduk.

Ne yazık ki biz kahvaltı yapacak yer dahi bulamadık. Yol boyunca sisten hiçbir yanımızı göremiyorduk. Benim imza etkinliğim için verilen saat 13.30 ile 17.30 olduğundan yetişiriz, hatta zamanımız bile kalır diye düşünüyorduk. Biz saat en geç 11.30 sularında varacağımızı düşündüğümüz Ankara'ya 13.00 sularında zor ulaşmıştık. Yollar tahminimizden daha yoğun trafiğe sahipti ve aşırı sis vardı. Sisten dolayı görüş mesafesinin neredeyse elli metreye düştüğü anlarda trafik duruyordu.

Saatime baktığımda tam 12.40 olduğunu gördüm ve paniklemeye başlamıştım, ne otele girebilmiştik ne de henüz makyajımı yapmıştım. Üzerimde hâlen eşofmanım, ayağımda spor ayakkabılarım vardı. Ve benim 45 dakika sonra imza günüm için Bilkent Üniversitesinde olmam gerekti. Gecikmiştik ve ben nasıl hazırlanacağımın derdine düşmüştüm. O arada telefonum çaldı, arayan genel yayın yönetmenim Ömer Bey'di. Nerede olduğumuzu sordu ve ben, "Ankara'dayız, geliyoruz," dedim, o an paniğim iki katına çıkmıştı.

Bulduğumuz her benzin istasyonunun tuvaletini kontrol etmeye başladık en uygun ve temiz yerde giyinmeye ve de makyajımı yapmaya karar vermiştim. Başka seçeneğim de zaten şu koşullarda yoktu. Birkaç tuvalet baktım ve umudumu yitirmeye başlamıştım. Saat ilerliyordu ve benim yarım saat gibi bir sürem kalmıştı. Sonunda Bilkent Üniversitesinin çok yakınlarında bir benzin istasyonunun temiz olduğunu ve makyaj yapmaya uygun da bir yer olduğunu görünce hemen arabanın bagajından malzemelerimi kaptığım gibi bir telaş ile makyajımı yapmaya, kendime çekidüzen vermeye başladım. Toplam beş dakikalık bir süre içinde toparlanmıştım. Sıra kıyafetlerimi nasıl ve nerede giyeceğim sorununa gelmişti.

Dışarı çıktığımda Ali, "Koş mescit var yan tarafta, ben orada giyindim," diye yön verdi sağ olsun bana da. Mescit içerisine yine hızlı ve de atik hareketlerle girip neredeyse birkaç dakikada giyinme işlemini de bitirmiştim. Dakikalarla ve kendimle yarışıyorken, sanki TV programlarının yarışmasında gibi hissettim o anlar kendimi! Ali hızla arabaya yöneltti beni ve arabanın bagajından ayakkabılarımı verdi, giyinmeme de yardımcı oldu. Hemen arabaya bindik ve beş on dakika kadar sonra imza günü etkinliğinin olduğu alana kolayca vardık.

Genel yayın yönetmenim Ömer Bey, bizi etkinliğin olduğu yerin kafelerinde karşıladı. Biz ilk defa Ömer Bey ile telefonların dışında yüz yüze geliyorduk. Kısa bir tanışma faslı geçirdik ve birer kahve içerek ayaküstü küçücük sohbet ettik. Ardından standımıza doğru hep birlikte yürümeye başladık.

Hava oldukça güneşliydi fakat Ankara'nın o hep anlatılan soğuk ayazı hâkimdi. Güneş dolu bir havada yüzüme buz gibi serinlikteki o soğuk ve rüzgâr esintisi tokat oluyordu adeta. Ankara'nın soğuk sillesi benim de yüzümde iz bırakmıştı. Ayazının tadı ile ben de tanışmıştım nihayet.

Dakikalarla yarıştığım o telaş şimdi yerini huzura bırakmıştı. Kitabı görüp standımıza gelen o yüce ruhlar ile sarılmanın heyecanına bırakmıştım ben de kendimi. İlk günümdü ve kitabım baskıdan çok yeni çıkmıştı, hatta hiç kimse tarafından ne içeriğim ne de adım biliniyordu.

Ben de diğerleri gibi ilk defa orada dokunuyordum kitaplarıma. Matbaadan çıkıp direkt etkinlik alanına taze taze gelmişti.

Sanki sihirli mucizeler yine benimleydi. Standımıza hep güler yüzlü sakin ruhlar geliyor, imzalı kitap istiyorlardı. Her biriyle sarılıp ruhsal kontağımı oluşturuyordum ve sarıldıkça yine çoğalıyordum. Doğrusu o gün benim de tahminimin üzerinde bir katılım oldu, nice özel ruhlar ile sarıldım ve de tanıştım. Çok şanslıydım. Kalbim bedenime sığmıyordu, öylesine büyümüştü ki her zerrem kalp çarpıntımla sarsılıyordu. O anın büyüsü kitabının ilk imza günü oluşundan mı yoksa gelen okuyucuların frekansından mıydı bilemiyorum. Her sarıldığım okuyucunun tüm zerresini bendimde hissediyordum. Mutluluğun sarılmak kadar kolay ve ulaşılır olduğunu bir kez daha bu özel gün sayesinde deneyimliyordum.

Son dakikalara doğru standımıza narin, bir o kadar da ürkek bir kadın yaklaştı, o günlük imza etkinliğim de bitmek üzereydi. Ay dolu o gözleri beni anında en derinine kadar çekmiş ve canıma yapışmıştı bakışları. Nasıl da zarif bir kuğu gibi duruyordu karşımda. Ömer Bey yanıma getirerek, "Kevser Hanım, Neşe Hanım'la tanıştınız mı?" dedi. Facebook'ta okuma etkinliklerimizi yapmak üzere Ömer Bey ile yayınevimizin kitaplarını tanıtmak için aralarında önceden anlaşmışlar. Kısaca bu konu hakkında da bilgi verdiler bana.

Neşe Hanım ile bir an sessizce bakıştık, gözlerinin içi gülüyordu adeta. Ve ben direkt birkaç adım daha yaklaşarak kocaman gülümseyip kollarımı açtım ve "Sarılalım mı?" dedim. Büyük bir çarpışma ile sanki yılların özlemi birikmiş içimizde, öyle hasret dolu bir sarılma oldu…

Sımsıkı sarılmanın ardından hararetli bir sohbet başladı ikimizin arasında. Bir insan ancak bu kadar candan olurdu, bir ayna kadar ancak bu denli güzel yansırdı karşısındakine. İsmi resmen kişiliğine yansıyordu, adı gibi neşe saçıyordu. Nasıl da dupduruydu ruhu! Saatlerce sarılıp sessizce o akışta kalabilirdim. Kendime rastlayıp bana denk gelmiştim adeta.

Mutsuz bir geçişte olduğunu hissediyordum ve ruhsal dünyası oldukça karışıktı ama bedenine can veren ruhu bir o kadar da yüceliklerle doluydu. Zihinsel karışıklıkları dışında hiçbir paniği yoktu. Çene kıvrımlarından taşan o şahane gülümsemesi ile ay dolu gözleri, Neşe Hanım'ı saatlerce seyredilesi kılıyordu. Neşe Hanım, gözlerime bakıp sükût dolu sesi ile "İlk sizin kitabınızla ile etkinlik başlatmak istiyorum müsaade ederseniz," dedi. Çok sevineceğimi söyledim ve o güne ait bir anı olsun diye birkaç poz fotoğraf çekildik. Sosyal ağlardan da ekleşerek bu dostluğun temelini sağlamca pekiştirmiştik…

Aradan on ya da on beş gün kadar geçmişti sanırım. Neşe Hanım telefonla aradı beni ve okuma etkinliğine başlamak üzere okuyucu grubunu oluşturduğunun bilgisini verdi. Beni de etkinlik grubu içine ekleyip ekleyemeyeceğini soruyordu. Çok sevineceğimi ve okuyucuların ne düşündüklerini hatta bu grup içerisinde oluşacak soruları direkt cevaplayacağımı düşününce daha bir heyecan duyacağımı belirtim kendisine. "Olur tabii," dedim. Ekleyebilirsiniz.

Etkinlik grubu o hafta oluşturuldu ve ben böylesi bir enerji devinimin oluşacağını tahmin bile etmemiştim. Bir okuma grubu bu denli mi uyumlu ve enerji dolu olurdu? Neşe Hanım on kişilik bir okuma etkinliği oluşturmuştu.

Bu etkinlikte her kişi okuduğu kitabı yine kitabın kapak görseli eşliğinde yorumluyor ve insanlara bu eser ne kattı ne hissettirdi ve tavsiye ediyor mu etmiyor mu bunu geniş bir post ile birden fazla okuma grubunda, kitap kurtlarının takip ettiği sayfalarda paylaşıyorlardı. Okuma etkinliği sürecinde kafalarına takılanları yahut ayrıntıyı daha da genişletmek istedikleri yerleri Messenger grubunda soruyorlar ve her soruyu on kişilik bir ekip içinde paylaştıklarından diğer okuyucular da vereceğim cevaplardan daha da aydınlanıyorlardı.

Bu süre zarfında okuma grubu içerisinde bulunan Eylül Hanım, bana özel pencereden, gruptan bağımsız olarak bir mesaj yazdı. Birkaç özel ve de kişisel durumunu benimle paylaşmasının bir mahsuru var mı diye soran nazik bir mesaj attı. Kitabımı bir çırpıda okuduğunu ve şu anki sıkıntılı durumuna benim yardımcı olacağımı düşündüğünü söylüyordu.

Nasıl hayır diyebilirim ki?

Eylül Hanım'ın mesajını okuduğumda otomatik bir hareket sergileyerek Facebook profil resmine baktım hemen. İlk dikkatimi çeken şey, inci gibi parıldayan dişleri, gür saçları ve güneş parıltısını andıran gülümsemesiydi. Yansıdığı fotoğraf karesinden adeta ışıldayan bir ruh görüyordum. İçime ılık bir akışla daha o gün kaynadı kendisi. Hiçbir şey tesadüf değildir dedim içimden. Acaba hangi kanalına yol olacaktım ya da bana kendisi ne öğretecekti?

İçimden tüm ilahi işleyişin mesajlarına ve yardımlaşmanın alma ve de verme dengesine uymaya rızam var ya Rabbim dedim. İkimizin de uygun olduğu bir saat diliminde eğer isterse telefonla da bizzat görüşebileceğimizi bildiren bir cevap yazarak samimice geri bildirimde bulundum kendisine. Yazarak iletişim zira zor olur diye düşündüm. Çok geçmeden bu şahane kadından o kadar açık ve anlaşılır bir dil ile durum belirten geri bildirim gelmişti ki beni hiç yormadan, hâlini, derdini, bir çırpıda açıklamıştı bile.

Eylül Hanım Bursa'da oturduğunu, bir evladı olduğunu ve eşinden ayrı ailesiyle kaldığını yazıyordu. Kendisi özel bir bankada mevduat bölümünde çalıştığını ve de tüm gücü ile olanaklarını henüz lisede olan kızına harcadığını da belirtmişti. Mümkünse kızı için bir randevu istiyordu. Bu sayede bizim de yüz yüze tanışma fırsatımız oluşacağından memnuniyet duyacağını söyleyen nezaket dolu mesajını okuyordum. Cümleleri ve kelimeleri öyle sıcak ve de samimiydi ki bu anne ile kızını çok merak ediyordum.

Ben ise üzülerek aşırı yoğunluğumun olduğu o dönemde yakın zaman içerisinde kendisine verebileceğim seans aralığının olmadığını söyledim. Öylesine üzülmüştü ve hayal kırıklığına uğramıştı ki yazılarından cevaplarına yansımıştı. Bana yansıtmasa bile bunu anlayabiliyordum. Ben de gerçekten çok üzülmüştüm, uzak yerde olmasalar akşam saatine randevu verecektim. Eylül Hanım beni gerçekten anladığını da hissettirecek kadar yüceliklerle dolu bir ruhtu. "Kısmet," dedi son cümlesinde, gönül koyup sitem etmedi.

Aradan bir saat geçti geçmedi ertesi gün randevusunda resmen bir mucize oluştu ve şehir dışından gelecek başka bir danışanım cenazelerinin olmasından dolayı kendi seansını iptal etti. Ben de sevinçle Eylül Hanım'a, bugüne ve saat dilimine uygunluk dereceleri varsa seansı hemen onlara yazdırabileceğimi ilettim.

Bu iptali duyunca ilk olarak bu anne ile kız geldi aklıma. Oysaki birden fazla kişi yakın zamanda randevu açığı oluşursa kendilerine dönmemi tembihlemişlerdi.

Ne yalan söyleyeyim, ilk aklıma Eylül Hanımlar geldi. Demek ki ilahi işleyişin mesajıydı bana bu. O kadar fazla gelmeyi talep etmişti ki enerjisiyle kendisi oluşturdu randevuyu aslında ve ben de başkasını alamazdım. Bugün onların kısmetiydi ve nihayetinde hemen ertesi güne oluşan açıklığı o şahane anne ile kızına verdim.

O sabah çok erken uyandım yeni güne. Kalbimde atlar tepişiyordu adeta. Aşırı merakla bekliyordum Eylül Hanım'la kızı Masal Su'nun bana gelişini ve içinde barındırdığı ilahi mesajları. Saatime baktım ve alarm çalmasına az bir zaman kalmıştı, yeniden uyumasam da olur dedim kendime. Randevumuz saat 10.00'da olduğundan ben de henüz 08.05'te uyanmış olmanın genişliğini kullanabilirdim. Kahvaltımı yaptım, hazırlandım ve biraz erken çıktım evden. Asistanım yeni işten ayrılmıştı ve benim henüz bir asistanım olmadığı için de ön hazırlıkları yapacak vaktim olmuştu. Evime beş dakikalık mesafede olan iş yerim Mavizihin'e hızlıca gelmiştim. Yolumun üzerinde bulunan Yonca Fırın'dan mis kokulu taze kurabiyeler de almıştım ikramlar için.

İlk olarak seans odama girip danışanlarımın Sihirli Oda diye isim taktıkları o büyülü odamın hemen tütsüsünü yaktım. Sandal ağacı tütsüm raks ederek kokusunu her bir köşede dans ettirmek üzere salınıyordu. Çayımızı da demledim ve kendi odama tam yeni geçmiştim ki kapı çaldı.

Kapıyı açtığımda Eylül Hanım'ın sağında ve tam karşımda bana bakan büyülü bir ormandan gelen sihirli ve de narin bir prenses duruyordu! Sütten beyaz bir ten, yuvarlak bir çehre, kehribar rengi bir çift göz bana her zerresiyle gülümsüyordu. Su gibi duru derler ya, tam da öyleydi işte. Ruhuma akan bu su gerçekten de adını yaşatıp yansıtıyordu.

Eylül Hanım gözlerimin içine bakarak çene kıvrımından taşan koca bir gülümsemeyle, "Merhaba Kevser Hanım," dedi.

"Merhaba, hoş geldiniz," dedim ve sağında duran kızına bakıp, "Bu benim kızım Masal Su," dedi.

Kocaman bir sarıldık Masal Su ile ve enerjilerimizi harman ettik sarılırken de. Ardından içeri buyur ettim ve yeni demlediğim çayla sabah gelirken aldığım kurabiyeleri ilk olarak ikram edip daha sonra sohbetimizin bölünmesini engelledim.

Anne ile kızı tam karşımda oturuyorlardı ve her ikisi de odanın içine enerji akımı doldurmuştu adeta. Bu denli samimi, sade, sıcak ve enerji dolu olmaları beni daha bir keyiflendirmişti. Bir yandan çayımızı yudumluyor, bir yandan tanışma sohbetini ilerletiyorduk. Danışanlarıma geniş zaman ayırdığımdan önümüzde dört saat gibi yarım bir gün vardı neredeyse. Çok da acele etmiyordum açıkçası. Önce bu ruhların gönlüne değmeliydim, kalp bağımızı oluşturma niyetindeydim.

Masal Su, aniden sohbete giriş yaptı. "Çok heyecanlıyım Kevser Hanım, annem beni size getirmek için ikna etmeye çalışıyordu günlerdir ve ben erteliyordum hep. Ta ki bir hafta önce okuldan gelince annemin zorla Tohumdan Çatlamak kitabımın son bölümündeki kod adı Sabahat olan danışanınızın hikâyesini okutana kadar! Anne hemen randevu al lütfen, benim Kevser Hanım'a gitmem lazım derken buldum kendimi, bunu çok istedim o an biliyor musunuz?" diye devam etti konuşmasına. "Annem madem kitabı okumuyorsun bari sadece şu son bölümü oku diye diretmese bana inanın gelmeye niyetim de yoktu. En başta zoraki iki göz attım, sonra hızla olayın en içine kadar girdiğimi, bir solukta okuduğumu fark ettim kitabınızı. Ardından geriye dönüp birkaç bölüm daha okudum heyecanla ve merakla. Beni anlayacak, bana yardım edecek kişinin siz olduğunuzu resmen yüreğimin derininde hissediyordum artık," dedi.

Bana sonsuz güvenle bakan bu kehribar rengindeki gözleri önce sıcacık sevgiyle sarmak gerekti. Öyle canıma değmişti ki evladım olsa ancak bu kadar sevgi duyardım kendisine. Ayağa kalktım, "Çayları tazeleme mi ister misiniz?" diye sordum. Masal Su gözleri ile ışıl ışıl bakıp resmen, "Boş ver çayı, haydi seansa geçelim," diyordu sanki. Ben de Eylül Hanım'a taze bir çay verip onu yan odaya, bekleme salonuna aldım. Biz Masal Su ile baş başaydık artık. Kollarımı kocaman açıp tekrar sarıldım ve "Haydi sen de hazırsan başlayalım," dedim. Daha sıkı sarılan bu defa Masal Su oldu tabii. Genel olarak onu neyin mutsuz ettiğini sordum ve bana hangi duygu onu gelmesi için tetikledi, hangi durumu ile baş edemiyordu, en çok bunları merak ediyordum. Kendisi perdesizce ve dürüstçe her şeyi anlatacak kadar cesur davrandı o gün. Laf cambazlığı yapmadı asla, ne hissediyorsa ve neden mutsuzsa öyle güzel aktarıyordu ki devleşti adeta karşımda. Masal Su anlaşılmadığından ve bu kadar net olmasına rağmen onu anlayamayanlardan yorgundu. Bunun ne demek olduğunu iyi kavramıştı daha 16 yaşında ve olanca gücüyle bana anlaşılır oluyor, beni hiç yormuyordu. Zira kendisi fazlasıyla yorgundu...

Bir insana kitap sattığınız zaman, ona yalnızca kâğıt, mürekkep, zamk ve cilt satmış olmazsınız.

O insana bir dünya satmış olursunuz.

(Christopher Morley)

Cümlesi geçiyordu zihnimden o an ve Masal Su ile bu karşılaşmamızı düşünüyordum. Bizi buluşturan ilk imza etkinliğimde sarıldığım ve o an tanıştığım Neşe Hanım'ın yeryüzü melekleri gibi bize vesile oluşunu ve etkinlik oluşturup kitap yollanışını ve de annesinden kızına ulaşan kitabımı düşünüyordum.

Bir mesajla, ilahi işleyiş nasıl da sisteme hizmet ediyordu. Seans randevusu yokken başka seansın yerini hızla doldurmuş olmaları vs. daha birçok ışıktan ipler ile bağlar sayabilirim.

Masal Su başka bir dünyaya kapılar aralamanın, ben ise bu ilahi mesajın içeriğinin peşindeydik. Acaba ikimiz de nelere şahitlik edecektik, heyecanlı ve meraklıydık.

İlk olarak değerler tablosuna baktım ve minik bir değerlendirme yaptım, ardından seans için Sihirli Oda'ya geçmek üzere hareket ettik. Okulda ve geniş çevresinde çok hiçlenmiş ve ötekileştirmeye başlanmış. Gerçekten aynı frekansa ait olmadığı bir ortamda negatiflere maruz kalarak enerji alanı büzülüp daralmış. Çaresiz bırakılmış ve hasta ilan edilmiş, hâlbuki tertemiz bir ruhtu kendisi...

Önce Halo terapi ile güzelce toprakladım, kırk beş dakika sürdü bu ve ardından enerji beden temizliklerini, çakra bölgelerinin Hz. dalgasını ve de aktivasyonunu ayarladım. Meridyenlerinde ne kadar kırılma varsa onları eşitledik birlikte. Çok özel sırlarını paylaştı orada benimle ve bunu her ne kadar izin verse de buradan yazmayacağım. Fazla özele girmeden anlatacağım.

Seansımız yaklaşık 3 saat kadar sürdü ve artık daha dingin bakıyordu bana. Terapinin dışında biraz da anlaşılır olmanın rahatlığıydı bu. Tekrar benim odaya geçtik, biraz kurabiyelerden atıştırmasını rica ettim. Zira kan şekerinin düşmüş olma ihtimali bir hayli fazlaydı. Halo terapide fizik beden topraklanırken kan şekeri düşebilir çoğu kişide ve baş dönmesi yaşanabiliyor. Danışanların hepsine atıştırmalıklar ve bol su veririm genelde. Her daim el altında biraz şekerleme ve de su bulundururum.

Seansımızın bitiminden sonra Masal Su'ya nasıl olduğunu sordum. "İyiyim," dedi. Annesi elbette çok merak ediyordu neler olduğunu ve annesini odaya almak üzere izin istedim, böylece Eylül Hanım da bize katıldı. "Masal Su gayet iyi, merak etmeyin," dedim. "Zaten belli yüzünden, çok mutlu ve de sakin görünüyor," dedi. Sonra Eylül Hanım'la sohbete başladık, daha derin konular açılmıştı ve onunda hayatının hiç de kolay olmadığını net bir şekilde hem görüyor hem kendisinden bizzat duyuyordum. Bir atasözü vardır bilirsiniz sizlerde, ana bahtı kız bahtı derler.

Aslında Eylül Hanım da çok genç yaşta yaşadığı talihsiz olayları deneyimli olduğundan kendi kızı yaşamasın diye çırpınan bir anneydi. Fakat korkusu kızının üzerinde çekim yaratmış, bizzat film sahnesi gibi sıralamayla şu an aynı yaşlarda kızı da annesinin korkusunu ve çekimlerini yaşıyordu. Bunu net görüyordum zaten konuşmalarında da açık ve samimi oluşları da beni destekliyordu. O günlük birkaç ödev verip danışanıma bunu sürekli yapmasını rica ettim. Bize ayırılan zamanımız bitmişti ve oğlumu okuldan alma saatim gelmişti. Yeniden sımsıkı sarılıp tekrar görüşmek, sürekli aktif iletişimde olmak üzere ayrıldık.

Aradan neredeyse bir hafta kadar geçmişti ve Eylül Hanım'la biz arada akşamları mesajlaşıyor, kızı Masal Su'nun gidişatı ve de evde oluşan yeni güzel durumları konuşuyorduk. Anne olarak gayet memnundu seansımızdan ve kızının pozitif yaklaşımlar sergileyerek sorunlarına çözüm odaklı yaklaşmayı öğrenmeye başladığını söylüyordu yolladığı mesaj iletilerinde. Ben ise Eylül Hanım'a sıklıkla ne olursa olsun sakin kalmasını öneriyor ve onun evdeki terapisti olmasını öğütlüyordum. Biz anne ile ekip oldukça Masal Su daha bir hız kazanıyor ve okulda da başarısını yeniden eline almaya başlıyordu. Böylece Masal Su kaybettiği özgüvenini hem yeniden kazanıyor hem de değersizlik duygusunu yeniyordu. Masal Su mutlu ve zihnen sakin kaldıkça geniş çevresi de hızla düzeliyordu. Çünkü karşılıklı atışmalara yer vermiyor, vermediği gibi pozitif çözümlerle kişileri ters köşe ederek her gün biraz daha kazanıyordu. Aradan tam bir ay kadar geçmişti ve yeniden bana gelmek istediğini, bu defa bizzat kendisi iletişime geçerek talep etmişti. "Ara seans için çok sabırsızlanıyorum," diyordu. Hemen en uygun zaman içerisinde kendisine ara seans için randevu oluşturduk.

Şifalanmayı reddedenlerden daha çok şifalanmayı isteyenler benim her zaman önceliğimdir. Bunu da buraya küçük bir itirafım olarak iliştireyim. Çünkü hızla düzelen bir bireyin hızına hız katmak bana da motivasyon oluyor. Karşılıklı zaman hırsızlığı yapmıyoruz. Bazıları parasıyla değil mi gibi düşüncelerle aylarca gelip gidiyor bana. Değil efendim, o durum öyle değil işte! Çok kişi bilir seanslarını bizzat ben iptal ederim. "Siz boşuna gelmeyin, paranıza yazık, benim de zamanıma," diyerek danışanlarıma direkt söylerim. Ben sisteme hizmet edenlerden olmayacağım. Ben insanlara dokunmak ve yardımcı olmak için son nefesime kadar çabalayacağım. Şifalanmaya rızası olan ve dönüşmeye açık ruhlar hele ki benimle ekip olmayı bilenler her zaman önceliğim olacaktır. Çünkü en çok onların ihtiyacı vardır dönüşürken şifalanmaya ve şifalanırken çoğalmaya…

Onlar artık olmuşlardır zaten, kozalarından çıkmak için çabalıyorlardır.

Ve bilirim ki kozalarından çıkınca çoğalıp nice ruhlara da yardımcı olacaklardır.

Şahane bir sabaha uyanmıştım ve bugün Masal Su kızın ara seansı vardı. Ona yeniden sarılacağım ve tertemiz enerjisi ile ben de arınacağım için ayrıca mutluydum bu sabah. Kendisini hem çok seviyor hem de kızım gibi görüyordum. Mis gibiydi. Pırıl pırıldı. Dupduru bakıyordu. Ben onu çok yeni tanısam da gerçekten aşırı özel bir yer edinmişti kalbimde. Kehribar rengi gözleri ile öyle güzel bakıyordu, öyle sevgi ile akıyordu ki görün isterdim. Ama hayat ne yazık ki bu masum yavruya oldukça asık suratını göstermişti. Hiç kimseye güveni yoktu. Sevildiğinden emin değildi. Fakat kendisi farkında olmasa da en çok da bu yanları ile gelişmişti, çok güzel seviyor ve sevdiklerine güven veriyordu.

Zaten hep böyle değil midir?

En az olduğumuz yerden çoğalmaz mıyız?

Hayat ne denli acımasız yanları ile gelirse gelsin hep o acıdan beslenmez miyiz?

Bizi küllerimizden doğurup, yeniden var edip, eğitip güçlendirmez mi?

Şerlerin ardı hep bir hayır ve öğreti değil midir?

Sabır ne kadar büyükse heybemiz o kadar sevinç ve ödül ile doluyor yaşam diye anlam kazanan bu hayat.

Sözlerin büyü, niyetlerin mühür olduğu şu yaşamda...

Kendi bakış açımızla ve zihin hareketimizle oluşan düşünceler bize kaderimiz olarak yansıyor. Bundan dolayı her ne yaşarsanız yaşayın o olayın içinde kalmayıp sıyrılmayı ders edinin kendinize. Kötü ve negatif durumlarınızı düşüncelerinizde genişletmemeye gayret edin. Çünkü zihin ne düşünürse onu bize aynalayarak bedenimize ve yaşamımıza hizmet ediyor. Genişletecekseniz güzel anılarınızı genişletip o anları sürekli düşünün. Mutlu olduğunuz her ayrıntıya tek tek yeniden seyahat edin. Düşüncelerinizi böylece pozitif tutarak zihni sürekli mutlu olduğuna inandırabilir, bu alanı genişletebilirsiniz. Ardından titreşiminiz bu yönde artarak çoğalacağı için her geçen gün mucizelerinize eşlik ederek bu duruma bizzat kendiniz şahitlik edeceksiniz. Kendiniz için ilk olarak yapacağınız ve en kolay yolu olan dönüşüm, negatif düşüncelerinizi yakaladığınız her anda zihninizden bunu süpürmekle defedip temizlemeye başlayabilirsiniz.

Unutmayın! "Mucize de şifa da dönüşüm de yine sizsiniz."

Saatimiz tam 10.00 sularındaydı, hiç gecikmeden randevusuna gelmiş bulunan danışanımla bugünün *startını* vermeye ben de artık hazırdım. Ve her ikimiz de oldukça heyecanlı ve de meraklıydık sonuçlar için.

Bakalım bu ara seansın bize dönüşümü ve hediyeleri nelerdi?

Hangi alanları temizleyip hangi kalıplarımızı özgürleştirecektik?

Artık seans seyrini daha iyi bilen Masal Su kızımız direkt kendi başlatmıştı seansını. İlk olarak değerler tablosunu yeniden doldurup bana teslim etmişti. Değerler tablosunun formunu bana uzatırken omuzlarını içeri çekerek gamzelerini belirten bir gülümseme ile yüzüme bakıyordu. Gerçekten ilk geldiği tablo ile bu doldurduğu seçeneklerde dağlar kadar fark yaratmıştı. Bunu onun dönüşüme açık oluşuna ve kendi azmine borçluyduk aslında. Kendi rehberi olmaya rızası vardı. Üstelik çabası çok aşikâr bir şekilde ortadaydı. Asla şımarıkça kendini dibe çekmiyordu. Bu istikrarı, bu çabası beni daha da keyiflendirip kendisine alan olmaya meylimi arttırıyordu.

Sorduğum sorulara doğru cevaplar vererek hızla bizi sonuca götüren Masal Su, duygularını aktarırken çok ustaca cümleler kuruyordu. İlk sorumda daha cevap olarak, en büyük eksikliğinin onu kabul etmeyen babası olduğunu ve kabul görülmeyişinin onda arayışlar yarattığını daha da iyi ifadeler ile bana aktarmaya başlamıştı.

Annesinin âşık olduğu adama güven dolu bir gecede sevgisini teslim ettiği bir aşkın meyvesi olduğunu fakat babası Masal Su'nun varlığını kabul etmeyip annesi ile de evlenmediğini anlattı uzunca bana. "Bunu anlamıyorum," diyordu. Haklıydı da...

Annesinin yıllardır korktuğu ise kızının kendisiyle aynı kaderi yaşamasıydı! Fakat bu korku çekimler yaratarak çekim yasasını da devreye sokmuştu. Masal Su'nun flörtü olan erkek arkadaşı tarafından baskı ve de ısrarla aynı durumu yaşaması onun da yaşamında vuku bulmuştu. Ağlayarak anlatmaya devam ediyordu yaşadığı her ayrıntıyı. Susturmadım içinden zehri aksın diye. Bu yüzden mi peki intihar ettin diye sorduğumda, "Evet," dedi.

Kevser Demet: Annen biliyor mu peki bunu?

Masal Su: Hayır, nasıl söylerim, yıkılır kadın.

Kevser Demet: Peki, bu bir tecavüz müydü, zorla mı sahip oldu sana?

Masal Su: Hayır, tecavüz diyemem fakat çok baskı kurdu üzerime, onu reddedemedim. Her şey baskı ile oldu. Okulda da en yakın kız arkadaşımla paylaşmıştım bu olanları, o da gidip herkese anlatmış ve artık bu yüzden okulda durumum ayyuka çıktı. Her gün ağlatıyorlar, dalga geçiyorlar, öğretmenlerin kulağına gidecek korkusu ise beni derslerden iyice uzaklaştırdı, konsantre olamıyorum derslerime. Bundan dolayı her geçen gün notlarım düşüyor ve çaresiz kaldığımı düşündüğüm o an intihar girişiminde bulundum, sebebim sadece buydu aslında. Annem içerisinde olduğum durumumu bilmiyor çünkü. Sizinle denkleşmem benim mucizemdi, iyi ki varsınız Kevser Hanım. Annem iyi ki kitabınızın okuma etkinliğine katılmış ve iyi ki bana ısrarla okutmuş...

Kevser Demet: Annen ile bu durumu paylaşman seni daha da rahatlatır, bunu yapmak ister misin? Ya da daha önce hiç anlatmayı denedin mi?

Masal Su: Aslında evet. Konuşmak, anneme anlatmak beni ruhen özgürleştirir. Bunu biliyorum ve farkındayım ama cesaret edemedim.

Kevser Demet: Peki, ister misin ben bunun için sana yardımcı olayım? Annen ile aranda bu köprüyü kurayım ve size zemin hazırlayayım ama ben değil sen anlatacaksın. Bunu ister misin Masal Su?

Masal Su: Aslında çok iyi olur. İsterim Kevser Hanım. Lütfen bana bu konuda yardım edin. Annem ile her şeyimi paylaşırım normalde ve asla yalan söylemem. O da çok iyi bilir her şeyimi sansürsüz paylaştığımı. En büyük dert ortağım zaten kendisi olmuştur bunca zaman. Fakat bu durumumu bilse yıkılır, kahrolur korkusundan diyemedim. En çok sakındığı durum bu iken anne korktuğun başıma geldi diye nasıl derim? Ben sustukça dibe indim. Annem ise benim artık değiştiğimi, ergenlik triplerim olduğunu düşünüyor. Hâlbuki çok kez dilimin ucundan döndürdüğüm ne çok cümlelerim oldu. Anne zordayım, yine tut ellerimden demeyi ne çok istedim. Ne çok ağladım ondan gizli gizli ve ne çok gözyaşlarımla yastıkları ıslattığımı bir bilse...

Terledim sanıyor her defasında. Yastığımdaki o ıslaklığın ter olduğu düşünüyor. Terletmeyen kılıflar, terletmeyen yastıklar alıyor. Ama yine de o yastıklar terletiyor!

Ah. Ahh. Kevser Hanım. O bana ben ona kıyamıyoruz. Artık çok geç, ben her şeyi mahvettim. Tek korkum ya okuldan çağırır da hocalarım anneme söylerse diye her gün korkarak gidiyorum okula ve bundan dolayı bu okulu bırakmak istiyorum. Annem ise, "Zaten iki ay sonra okulun tatil olacak, seneye de stajın başlayacak ve sen sadece iki gün okulda olacaksın. Neden beni üzüyorsun? Neden okul değiştirmek istiyorsun?" diyor. Tabii haklı durduk yere ve iki ay sonra yaz tatiline girecekken neden gitmek ister ki insan okulundan? Ah! Bir bilse, bir duysa kızının sustuklarını...

Sınıf içinde de kızlar beni artık direkt dışlıyorlar. Alay ederek manalı gülüşmelerde bana söz söylemeden güya dolaylı yolla sataşıyorlar. Erkekler ise beklenti içinde çirkince salyalarını akıtıp psikolojik bir baskı kuruyorlar üzerime. Resmen baskı altındayım. Ama ispat yok. Çünkü her eylemleri sinsice ve göz temasıyla. Köşeye sıkışmış gibiyim, çok mutsuzum. Önceden beni tanısanız, ben hayat dolu, cıvıl cıvıl bir kızdım Kevser Hanım. Bu olayın duyulması ve bu durumu yaşamış olmam her şeyimi altüst etti. Çıkamıyorum işin içinden. Belki bir arkadaşım olsa onunla dertleşirim, paylaşırım, azaltırım derdimi ama en güvendiğim arkadaşım ilk paylaştığım anda koşup gitmiş, anlatmış tüm okula. Artık arkadaşım olsa dahi güven de duymuyorum ne kızlara ne erkeklere. Sanki topraksız kalmış bir ağaç, bir çiçek gibiyim. Kök filizlerimde tutulu kalan son toprak kalıntılarıyla bağlanmışım gibi hayata... Sökülüp atılmışım da bir kenarda sessizce solmayı bekliyor son yapraklarım. Biri gelip silkelese köklerimde kalan son toprak kalıntılarım da dökülüp, nefessiz kalıp öleceğim gibi hissediyorum kendimi.

Kevser Demet: Bu kadar hırpalama kendini Masal Su. Bu durum evet erken ve doğru olmayan bir şekilde vuku bulmuş ama bunlar senin kararların, kimsenin verdiğin kararlarınla seni yargılamasına izin vermemelisin. Üstelik inan bu büyüttüğün durum o kadar da devasa değil. Bunu yenebilirsin. Sadece annen bir an evvel bilmeli diye düşünüyorum. Başka yardım gerektiği durumlar oluşursa ilk imdat dediğin anda ardında dağ olur, güven bana. Dilersen annenle görüşür ben de anlatırım fakat senin onunla konuşman doğru olacağı için seni annene yönlendiriyorum. Ben hızla bir şekilde ortam oluşturup annen ile kahve içmek için zemin hazırlayacağım. Ardından onu biraz bu konu hakkında üstü kapalı bilgilendirip seninle konuştuğunda hazırlanmış, paniksiz olmasını sağlayacağım. Gerisi seninle annen arasında kolaylıkla akıp gidecek ve sen de özgürleşeceksin. İnan bana.

Masal Su: Bunu yapacağım Kevser Hanım, en kısa zamanda hem de. Çok yıkılacak, çok hayal kırıklığına uğrayacak ama yapacağım.

Kevser Demet: Okulda da derslerine asılmalısın, seninle dalga geçenlere yine vereceğin en güzel cevap başarı olur.

Masal Su: Deneyeceğim Kevser Hanım, söz veriyorum size…

Kevser Demet: Ben sana güveniyorum Masal Su. Çok da seviyorum. Senin harika bir geleceğin var önünde ve biz ileriki yıllarda başarı öyküsü ile dolu yaşamında sürekli seninle iletişim içerisinde olacağız. Bizzat yanında olup her başarında sana sarılmak, gururlanmak için hep var olacağım. Yardıma ihtiyacın oluğunda yine yanında ilk olanlardan olacağım. Bu da benim sana sözüm olsun. Hem rehberin hem ablan olarak her zaman hayatında kalacağım. Tabii sen de istersen?

Masal Su: İstemez miyim Kevser Hanım, elbette buna çok sevinirim. Umut oluyorsunuz, abla oluyorsunuz, sizi ben de çok seviyorum. Size ilk geldiğim andan bu zamana ben de aslında bayağı düzeldim. O ilk geldiğimde asla bu kadar hızlı bu durumun içinden çıkabileceğimi düşünmüyordum. Artık daha güçlü hissediyorum ve her şeyin üstesinden gelebileceğim ümidi yeşeriyor ruhumda.

Sizinle konuşmak ve terapiye gelmek ise ayrıca iyi geliyor bana. Toparlanacağıma inanıyorum ve bunu yapacağım. Anlaşılmak ne güzel ve konuşabilmek özgürce…

Bizim o gün terapimiz daha bir güven dolu seyrettiğinden ve Masal Su onu anladığıma ve de yargılamadığıma emin olunca çok daha verimli geçmişti. Gerçekten hızla dönüşmeye ve üzerindeki toprağı atıp kafasını güneşe kaldırmaya gayret gösteren bir filizdi Masal Su. Şifalanmaya can atıyordu. Çıkış yolunu görünce hızla koşmaya başlamış gibi depar atıyordu adeta. Bu durum beni mutlu ettiği gibi ruhumu besliyor ve çene kıvrımıma da tatlı bir gülümseme olarak yerleşiyordu. İkimiz de gayet mutluyduk bu süreçten ve pozitif şekilde yol almaktan.

O günlük sımsıkı sarılıp vedalaştık ve bir dahaki randevuyu ne zamana almalıyım diye soruyordu. Ben yapması gerekenleri ve ödevlerini verdim, ayrıca iletişimde olacağımız için şimdilik net tarih vermeyeceğimi söyledim. Amacım gidişatını görüp durumuna göre oluşturmaktı yeni randevuyu. Sürekli olarak bana geleceği bir durum içerisinde olmadığını göstermeye çalışıyordum aslında. Sen sorunlu değilsin, seni sorunlu ilan etmişler ve sen de bu rolü kabul etmişsin diye dolaylı olarak mesaj vermekti amacım.

Kevser Demet: Annene selam söyle, en kısa zamanda kahve içmek için onu ayrıca arayacağımı da ilet olur mu?

Masal Su: Başüstüne Kevser Hanım, elbette ileteceğim selamınızı.

Aylardan mart olmuştu ve benim İzmir'de nisan aralığında gerçekleşecek TÜYAP Kitap Fuarı'na katılıp katılmayacağımı soran bir mail aldım yayıncımdan. Çok sevinerek memnuniyet duyacağımı bildiren bir geri dönüşte bulundum. Heyecanlanmıştım açıkçası bu davete. Nice yeni insanları tanıyıp kimlerle sarılıp denkleşecektik? Hangi ilahi mesajlara yol olacaktı bu davet? İzmir için gerçekten çok heyecanlıydım ve müthiş bir çekim yaşıyordum o şehre doğru... Derken Masal Su'nun annesi yazdı Facebook'tan tam da konunun üzerine.

Eylül Hanım: Nasılsınız Kevser Hanım?

Kevser Demet: Çok teşekkür ederim Eylül Hanım, ben iyiyim. Sizler nasılsınız? Ben de bu aralar sizinle kahve içme ihtimalimizi düşünüyordum, uygun olma durumunuz nedir acaba? Masal Su nasıl, her şey yolunda mı evde? Bir hafta geçti bana geleli, biz sürekli iletişimdeyiz fakat bir de anne gözüyle evde size yansıması nasıl onu sorayım. İki gece önce iletişimdeydik yine ve gayet keyifli yansıyordu.

Eylül Hanım: Çok şükür Kevser Hanım, her gün daha iyi oluyor ve enerjisi daha da yükselerek hızla düzeliyor. Terapiniz Masal Su üzerinde gerçekten çok etkili oldu, tekrar teşekkür ederiz size.

Kevser Demet: Bunu duyduğuma sevindim ve çok mutlu oldum, ben teşekkür ederim, en kıymetli hazinenizi bana güvenip teslim ettiğiniz için. Ee ne zamanlar uygun gününüz, sizinle bir kahve içip sohbet etmek üzere ofisime davet etmek istiyorum.

Eylül: Memnuniyet duyarım Kevser Hanım, ikimize de en uygun bir aralıkta bunu yapmayı ben de çok isterim. Eğer size de uygun olursa bu cumartesi öğlenden sonra gelebilirim.

Kevser Demet: Hemen yarın ilk iş minik bir yer değiştirme için danışanımdan rica edip size bildireceğim bu durumu Eylül Hanımcığım.

Eylül Hanım: Anlaştık o hâlde...

Kevser Demet: Çokça sevgi ve iyi dileklerimle...

Eylül Hanım: Görüşürüz.

Ertesi gün iş yerine geçtiğim an cumartesi öğlenden sonra randevumuz kimde diye bakmak oldu ilk işim. Şahane bir hostes danışanım vardı, meğer onun ara seansıymış. Hemen aradım kendisini ve uçuşa yetiştiğini söyledi, trafikteymiş, araç kullanıyormuş. Ben de çok vaktini almadan kısaca durumu belirttim ve randevuyu başka tarihe kaydırma imkânımızı sordum. O da tesadüf bu ya Hong Kong için uçuş verilmiş, "Zaten döndüğümde jet-lag olurum, bana da uyar Kevser Hanım," dedi. O zaman diğer haftaya yazdığımı belirttim randevusunu, fazla meşgul etmeden iyi uçuşlar dileyip kapattım telefonu. Asistansız ilerliyordum ve hâlen ruhu ruhuma yansıyan biri gelmemişti ilanlardan ama nedense hiç de yorulmuyordum. Derken ben direkt Eylül Hanım'a dönüş yapıp cumartesi için uygun olduğumu bildirdim ve bunun üzerine sözleştik.

O akşam Masal Su kıza hem nasılsın diye hem de cumartesi annesi ile buluşacağımızı bildiren bir mesaj attım. Geç dönüş yaptı ve beklerken gerçekten içim sıkıldı. Bir terslik vardı, bunu hissettim.

"Tamam, Kevser Hanım teşekkür ederim bilgi verdiğiniz için." yazan bir cevap attı bana.

Artık emindim bir şey olmuş ve canı gerçekten sıkıldığı bir anın içerisindeydi Masal Su. Tekrar yazdım ve aramamı isterse ya da konuşmaya ihtiyacı varsa görüşebileceğimizi belirttim.

"Merak etmeyin Kevser Hanım, sadece biraz üzerime geldi okulda arkadaşlarım, o duygu ile baş edemeyince tutamadım kendimi ağladım biraz. Şimdi daha iyiyim, uyurum zaten az sonra. Siz annemle konuşunca ben de vakit kaybetmeden zaten her şeyi anlatacağım," diye geri bildirimde bulundu.

Derken cumartesi geldi çattı, Eylül Hanım'la buluşmuştuk ve koca bir demlik çay eşliğinde derin bir sohbetin içine çekilmiştik biz o gün. Eylül Hanım'la sohbet etmeye başladığımızda konumuz ilk olarak onun hayatı ve yaşadıkları üzerine kendiliğinden oluşmuştu. Benim en baştan beri bu ailede sevdiğim şey aşırı dürüst ve net cevaplarla sonucu kolaylaştırmaları oldu hep. Hem ne istediklerini biliyor hem de şifalanmaya oldukça açıktılar. Eylül Hanım dalgın bir bakışla çayını yudumladı ve başladı anlatmaya. Ben de sessizce hiç sözlerini bölmüyor, çayımı yudumluyordum. O anlatıyordu, ben dinliyordum.

Eylül Hanım: Kevser Hanım ben 16 yaşlarımda bir adamı çok sevdim ve onunla plansız bir şekilde, aniden gelişen bir cinsel birlikteliğim oldu. Benden birkaç yaş büyüktü, ikimiz de okuyorduk, öğrenciydik. Gözüm hiçbir şey görmüyordu, çok âşık olmuştum. Hani derler ya başında kavak yelleri esiyor diye, tam da öyleydim desem yeridir. Tabii gencim, çok toyum, ne kendimi korumayı biliyorum ne de hamile kalacağımı düşündüm. Sonra regl olmadığım birkaç ay ve karnım ağrıyor, midem bulanıyor, tuhaf şeyler yaşıyorum. Hiç hamile olduğum düşüncesi gelmiyor bile aklıma. Uykuya düştüm ve aşırı derece uyuyorum, ağırlık vardı sanki göz kapaklarımda. Derken annem bu durumumdan dolayı endişelenip hemen beni doktora götürdü! Annem doktor ile konuşurken bir ara bayılıyor gibi oldu, kötü bir hastalığım var zannettim uzaktan annemi izlerken. Annem ağlayarak yanıma geldi, koca bir tokat attı, neye uğradığımı anlamayacak kadar tertemizdi ruhum ve kalbim. Çok toydum, cahildim...

İnsanların kötü yüzünü, fırsatçılığını ben o tokattan sonra öğrenmeye başladım. Çünkü annem hamile olduğumu söyleyip babası kim diye sorduğunda çok utanmış ve de yerin dibine girmiştim. Ama âşıktım ve sevdiğim adam ardımda durur diye düşündüğüm için anneme hemen evlenirim lütfen babama söyleme diye yalvarıyordum. "Ara hemen gelsin, bu işi duyulmadan hızlıca çözmeliyiz. Yakında karnın da büyür, el âleme rezil oluruz," dedi.

Aradım ve âşık olduğum adama titrek ve de heyecanlı bir ses ile hamile olduğumu söyledim. Telefonu yüzüme kapattı! Oysa annem seninle tanışmak üzere davet ediyor diyecektim. Diyemedim...

Aradan üç ay kadar geçmiş ve ben bu hamileliği sonlandıracak süreci çoktan aşmış bulunmaktaydım. Annem alelacele başka bir şehre taşıdı bizi ve her ne kadar benim tarafımdan kırılmış, hayal kırıklığı yaşamış olsa da koruyup kolladı, laf söyletmedi o an. Ben ise olay sonrası tüm hayatımı kızıma adadım, asla bir daha hiçbir erkeğe âşık olmayı bırakın yakın arkadaşlık dahi kurmadım. Tüm kemiklerim ayrı ayrı kül ufak olmuştu ve kalbimin atışını bile hissetmez olmuştum. Duygu durumum nötr, hiç his yoktu benliğimde. Bundan sonraki hayatımda evlenmeden ve kızımı üvey babaya maruz bırakmadan büyütecektim. Kendime bu sözü verdim. Kararlar aldım. Asla evlenmedim de. Zira yeterince incinmiştim, bir tek yıkımı daha kaldıracak gücü bulamıyordum kendimde. Denemeye bile hiç cesaretim yoktu. Şimdi el bebek gül bebek büyüttüğüm kızım ise gözümün önünde eriyince çok korkuyorum Kevser Hanım ya onu koruyamazsam ya benim gibi onu da incitenler olursa diye paranoya yaşıyorum! Aklımı yitirecek gibi oluyorum.

Eylül Hanımların bana ilk geldiklerinde seansımızın en başında aile karması ile alakalı bir durum olduğunu tespit etmiştim. Ve olay böylece kısa sürede netleşmişti, hem kafamda hem dosyamda. Şimdi nasıl derdim karşımda boncuk boncuk ağlarken kızın da tam olarak senin yaşadığın olayın içerisinde diye? Korkusunun şu an gerçek olduğunu ve kızının da kendisinin yaşadığı o buhranın içerisinden geçtiğini... Nasıl söylerdim?

Çaylarımızı tazeleyip az kafasını dağıtmasını sağlayıp ardından ya Masal Su bu durumda kalsaydı sizin tavrınız ve olayı yönetmeniz nasıl olurdu diye bir soru yönelttim. Önce gözlerini kocaman kocaman açıp bana bakarak, "Allah korusun!" dedi.

Ardından biraz sustu, uzaklara daldı gözleri. Derin derin iç çekti.

Eylül Hanım: Ben de annem gibi kızımın ardında olurum ama kızım inşallah benim bahtımı yaşamayacak. Ben çok ezildim ailem ve yakın çevreme. Çok da utandım. Kızımı ezmelerine asla müsaade etmem. Tamam, annem de beni korumak için kan ağlayarak şehir değiştirdi ama her gün de kan kusturdu. Babamı söylemiyorum, yaptıklarını anlatmıyorum bile. Yeniden yeşerecek bir çiçektim belki fakat beni kuruttu, kökümden söküp attı. Her an, her dakika hatamı hiç unutturmadan en harlı cehennemlerde yaktılar. Yakmaya da devam ediyorlar. Ben kızıma bunu yapmam, yapamam. Kıyamam Kevser Hanım. Ama Allah korusun asla kızım benim yaşadığım o hayal kırıklığını yaşamasın. Ben kızımı kucağıma aldığımdan beri böyle dua ediyorum.

Ben minik de olsa zihnine, düşüncelerine bunu çapalamıştım ve kendi kendine sorular soruyor, cevaplıyordu farkında olmadan. Ya olursa ya da olmuşsa diye. Sürekli kendine verdiği cevaplar ile de kızının yaşadığı, yaşayacağı her ne olursa olsun ardında duracak bir anne olduğunu gösteriyordu hem bana hem de kendine. Bir nevi yaşayacaklarının provasını yapıyordu o an farkında olmadan. Zira insan en çok incindiği yerden ve eksik olduğu alandan gelişiyor. Eylül Hanım da oldukça gelişmiş bir empatiye sahip ve de bu olaylarda karşındaki kişiye nasıl davranılmasını bildiği için kızına oldukça sevgi, şefkat ve de anlayışla yaklaşacaktır. Bu konuda içim çok rahat, her ne kadar korksa da vereceği tepki oldukça dirayetli, bilinçli ve bilgece olacaktır. Yıllardır içinde büyüttüğü korkuyla yüzleşmiş olup yüzünde ve de ruhunda tokat etkisi yaratsa da bunun hiç de dünyanın sonu olmadığını birlikte yaşayarak göreceklerdi. Bu ve benzeri durumlarda toplumsal öğretilerin, örflerin, adetlerin birer baskısı olduğunu daha iyi netleştireceklerdi. Hatta Eylül Hanım da kızının yarasını sararken kendisini de şifalandıracak bu döngüyü birlikte temizleyeceklerdi.

Eylül Hanım bu durumu çok genç yaşta öğrenip artık yolları bildiğinden, bu deneyimi yaşayan insanın ruhunda nasıl zelzele yaşanır yine en çok bilen kişidir.

Çünkü yıllar önce aynı yıkıntıların altından bu durumu tecrübe ederek yeniden dirilmiş birisidir kendisi.

Yaşamayanların dokunmayı, sarmayı bilmediği bu yarayı yine en iyi şifalandıracak kişidir çünkü.

Bu tesadüf gibi görünen olaylar ise anne ile kızın sınavı belki de kim bilir?

Birçok yanlış bakış açısının alanlarını dönüştürüp, pozitif yaratımlarda bulunup, küllerinden birbirlerini yeniden doğuracaklardır belki de…

Hayat bu ya, her şerrin içinde bin hayır barındırır görene ve bilene!

Ben Masal Su'ya söz verdiğim gibi annesi ile konuşmuş, bu durumun zeminini hazırlamıştım artık ve Masal Su bu süreci kendi istediği gibi yönetecek, ne zaman hazır olursa o zaman annesine anlatacaktı. Asla hesaplamalar yapmamasını, zaman gibi bir kısıtlama içerisinde olmaması gerektiğini önceden belirtmiştim.

"Kalbini susturamadığın, ruhunun özgürleşmek istediği herhangi bir zaman diliminde cümlelerin hazır ola gelirse işte o zaman benliğini sözlere dökerek prangalarından özgürleşip göklere çıkart kendini," demiştim.

Çok geçmeden aynı hafta içerisinde anne kız bu durumu konuşmuşlar. Eylül Hanım büyük olgunlukla karşılayıp kızına yeni bir travma yaratmamış. O şahane bir anneydi. Masal Su ise sakinleşmiş bir zihne sahipti artık. Paniksiz, kaygısız, korkusuzdu. Çok güçlü hissediyordu kendini. Yeni bir başlangıç için derslerine sıkıca sarılmış, o da üzerine düşenler için gayret gösteriyordu. Haberlerini annesinden alıyordum. Arada kendisi ile de mesajlaşıyorduk, muhteşem bir güç ve de enerji olarak yansıyordu bana. Okul içerisinde de birkaç yeni arkadaş edinmiş. Bu durum onun okul alanında rahat etmesini sağlıyordu. Her geçen gün daha çok, daha da iyi oluşumlara uyandığını yazıyordu mesajlarında.

"Korku öyle tehlikeli bir enerjidir ki hızla etrafında ne varsa kara bir delik gibi içine çeker her şeyi." Masal Su, annesinin sevgi enerjisi sayesinde bu kara delikten kolaylıkla kendini temize çekmişti.

Artık aylardan nisan ayına girmiştik ve bu ayın 13-14'ünde İzmir'de TÜYAP Kitap Fuarı'nda imza etkinliğim vardı. İlk davet aldığımdan itibaren heyecanımı sürekli olarak içimde aktif tutmuştu bu durum. Aşırı heyecanlıydım. Kalbim ağzımda atıyordu. Artık İzmir yollarına düşmenin zamanı gelmişti. Şahane enerjiler ile tanışacağım o çok özel günün keyfindeydim ve de çok mutlu hissediyordum kendimi. Eşim Ali ile ayın tam 12'sinde yola çıktık. Bir gün önce gidip biraz İzmir'i solumak ve dinlenmiş olarak imza gününde bulunmaktı amacımız. Zira Ankara yolculuğumuzu sizlere anlattım, biliyorsunuz, aynı durumu yeniden yaşamayalım dedik.

Biz 12 Nisan'da, öğlen saatlerinde İzmir'deydik. Bol bol vakit vardı o şahane şehrin sokaklarını arşınlamak ve keşfetmek için. İlk olarak otelimize yerleştik. Üzerimizi değişip attık İzmir'in caddelerine kendimizi. Hükümsüzdük bir süreliğine. Akşama kadar yürüyerek gezebildiğimiz kadar gezdik, dolaştık sokaklarında. Biraz kaybolup, biraz yönümüzü şaşıra şaşıra gezindik. Bu şehrin titreşim frekansı oldukça yüksek gelir hep bana ve huzur ile saran bir aurası var. Daha önce geldiklerimde de hep bu hazzı ve bu duyguyu aynı derinlikte hissetmişimdir. İzmir denildiğinde sürekli kurduğum tek kalıp cümlem her zaman şöyledir, "Huzurlu bir titreşimi, sevgi ile saran aurası var," diye dile getirerek betimlerim. Benim için bu hep böyle de kalacak. Çünkü zihnim İzmir'e her gittiğimde de bunu yeniden çapalıyor beynime.

Canım İzmirim, seni seviyorum. Çok seviyorum...

Güneşli ve bahar kokulu cumartesi sabahına bu şehirde uyanmak şahane bir duygu idi. Bugün saat 13.00'da imza etkinliğim vardı. Uyandığımızda ise saat 10.30'u gösteriyordu. Oldukça dinlenmiş, uykumuzu almıştık. Önce aşağı inip güzelce kahvaltımızı yaptık, ardından ben hazırlanmak üzere odaya çıktım. Çok uzatmadan hazırlıklarımı yapmıştım. Zira önceden planlamıştım ne giyeceğimden ne takacağıma kadar. Zaten konaklamak için seçtiğimiz otel de kitap fuarına yürüme mesafesindeydi. Arabayı otoparktan çıkarmadık bile. Saat 12.30'da etkinlik alanına doğru çıktık otelden ve beş dakika kadar kısa sürede hem de yürüyerek fuar alanına ulaşmıştık. Beklediğimden kalabalık bir katılım vardı. İzmir nasıl güzel akıyordu fuara. Girişlerde kuyruklar oluşturmuştu insanlar. Göğsüm kabardı böyle çok okuyucu ve kitap âşığı olan insanları görünce. Sesli düşündüm o an, İzmir farkı bu olsa gerek diye! Her standı kalabalık, her koridoru dolu bir fuardı. Yayınevimin standına doğru ilerliyordum ve yine aynı kalabalık hâkimdi. Daha bir heyecanlanmış, daha bir enerji dolmuştum. Bu benim ikinci imza günümdü. Her anı bu denli net hatırlamam da bundandır.

Saat daha 13.00 olmadan ben alanda yerimi almıştım. Çalışma arkadaşlarımla selamlaşıp iki sohbet ediyordum ki karşımda kollarını açmış, kocaman gülerek kalabalığı yara yara biri bana doğru geliyordu. Önce benzettiğimi düşündüm, ardından yok canım daha neler dedim! Kocaman bir çarpışmayla sarıldık… Şaka gibiydi.

Kevser Demet: Eylül Hanım daha geçen gün birlikte kahve içtik, bunu bana neden demediniz? Bu ne şahane bir sürpriz!

Eylül Hanım: Ee sürpriz olsun istedim.

Kevser Demet: İnanın aşırı şaşkın ve sevinçliyim. Siz Bursa'dan ta buralara sadece fuar için gelmediniz öyle değil mi? Tesadüf olmuş olmalı!

Eylül Hanım: Deli diyeceksiniz belki ama ben gerçekten tam bir kitap kurduyum. Bu fuara gelmeyi aylar önceden planlamıştım. Sizinle kahve içerken siz de katılım göstereceğinizi söyleyince sürpriz yapmak için geleceğimi söylemedim. Ve ben de sizin imza etkinliğinizin olduğu tarih aralığına denk getirdim. Birçok yazar ile bu fuarlar sayesinde tanışma imkânım oluyor ve güzel dostluklar oluşuyor. Okuduğum neredeyse her kitabın yazarına ulaşır, tanışırım mutlaka. Elimden geldiği kadar hemen hemen her TÜYAP fuarına, her şehre mutlaka da giderim.

Kevser Demet: Siz ne şahane bir yüreksiniz, nasıl güzelsiniz Eylül Hanım.

Tekrar tekrar sarıldık, gülüşüyor ve neredeyse soluksuzca sohbet ediyorduk. Daha bir keyiflenmiştim, aile bireyimden biri gurbetten gelmiş kadar da şımarmıştı. Mutluydum. Eylül Hanım'la selfie çekip okuma etkinliğini oluşturan ve Ankara'da Bilkent'te yapılan ilk imza etkinliğimde tanıştığım Neşe Hanım'a yollamıştık. Zira Neşe Hanım da bizi buluşturan ruhtu. Işıktan görünmez iplerle bağlı olduğum benim güzel ruh ailemi Allah nasıl da karşıma bir tesadüf gibi ve ilahi mesajlarla birbirimize vesile kılarak bizleri bize gönderiyordu. Çok şükür. İzmir ne büyük sürprizler yarattı bana hâlâ yazarken bile kendimi gülümserken buluyorum.

Telefonum çalıyordu ve imza etkinliğinden dolayı gelen okuyuculara saygısızlık olmasın diye açamıyordum lakin telefonumun ısrarla çaldığını görüyordum. Ekranımda Sevgi Tanrıverdi araması düşünce nefesim kesiliyor, heyecanım karnıma ağrı olarak yansıyordu. İlk müsait olduğum anda direkt telefonumu alıp aramaya geri dönmek oldu işim. Ve telefondan kulağıma dolan o yumuşak şahane ses bana, "Kevser, beni ziyaret etmeden gitmeyeceksin umarım bu şehirden," diyordu. Nasıl giderdim, nasıl hasretle burnumda tüten ve yıllarca rüyamda gördüğüm bu ruha hem de bu denli yakınken ben nasıl görmeden dönerdim... Benim kıymetlim, o şahane kadın, artık bu şehri aydınlatıyormuş meğer! Burada yaşadığını bilmiyordum.

SEVGİ TANRIVERDİ KİM MİDİR?

Bu isim beni henüz 6 yaşında bir tohum iken toprağa atıp çatlatan, ruhumu genişleten ve ufkumu açıp ilk filizlenme hâlimi harman eden bir yeryüzü meleğidir. Aradan tamı tamına 29 yıl geçti. Sevgi Tanrıverdi benim ilkokul öğretmenimdir. Bizi mezun ederken en son karnemi elime verdiğinde anne gibi sarılıp, ruhumu onayıp beni hayata en güçlü hâlim ile salan kişidir kendisi. O gün boynunu koklayıp öpmüş ve kokusunu her zerreme hapsetmiştim. Beynime sevgi kokulu bir çapa atmış, kendisini unutmamak için de zihnime tüm yüzünü resmetmiştim.

Aradan yıllar geçmişti ve o koku hep burnumun en ucunda mis gibi duruyordu. Tekrar iletişime geçip bulmak oldukça zor olsa da bundan 10 yıl kadar önce şans eseri kendisinin telefonunu bulmuş ve bir heyecanla aramıştım. Aynı sevgi ile ve aynı zarafet dolu ses ile "Ah Kevserciğim, seni nasıl unuturum?" demişti. Ne şanslıyım ki kader bizi tekrar, tam 29 yıl sonra, 13-14 Nisan 2019'da, imza etkinliğim için gittiğim İzmir'de tekrardan bir araya getirdi. Beni öyle kucaklayıp öyle bastı ki bağrına, bir kez daha mühürledim kokusunu burnuma. Ben ne şanslıyım ki böyle bir eğitmenin elinde tohumumu en güzel çiçekler açacak şekilde ekip, eğitip donatan bir öğretmene denk gelmişim.

Öğretmenim ile 14 Nisan akşamüzeri görüşmek için telefonda anlaştık. Ben oldukça heyecanlıydım. Zira aynı heyecan içerisindeydi öğretmenim de. O gece buluşma sonrası İstanbul'a doğru yola çıkacaktık. Eşim Ali ile böyle planlanmıştık. İmza etkinliği biter, öğretmenimle buluşur ve ardından yola koyuluruz diye planlamıştık. Fuar alanından saat 17.00 sularında ayrılmıştık ve İzmir Karşıyaka'ya, buluşma alanımıza doğru yola çıktık. Tahmini yirmi dakika gibi bir sürede Sevgi öğretmenimin attığı konuma varmıştık. Kalbim bedenimden büyüktü sanki. Öyle çarpıyordu ki sesini etrafımda bulunan herkes duyuyor olmalıydı.

Girdiğimiz kafede tam karşımda ve cam kenarında duran masada kocaman bir ışıltı vardı. Gözlerim o şahane ruhu gördüğü an her yanımı ışıltılar sarmıştı. Eşi Taha Bey de gelmişti. Sohbet ediyorlarken öğretmenim de bizi gördü. O an Sevgi öğretmenim hemen ayağa kalkıp bana doğru geldi, ben ise kendisine doğru koştum, hemen sarıldık! Varın siz tahmin edin. 29 yıl aradan sonra buluşma anıydı bu. İkimiz de birbirimizi unutmamıştık.

Sevgi Tanrıverdi: Seni Facebook'tan, fotoğraflarından seviyordum. Ah yavrum hiç mi değişmez bir insan, hâlâ mezun verdiğim gibisin. Beden olarak büyümüş olabilirsin ama kocaman kocaman samimi gülümsemen hâlen aynı duruyor.

Kevser Demet: Zira siz de hâlâ aynı güzellikte, aynı enerji ile yıllara meydan okumuşsunuz öğretmenim. Heyecandan bayılabilirim. Ne çok aradım vaktiyle sizi, çok şükür ki numaranızı bulduğum zaman ulaşabildim. En çok ya beni unuttuysanız ya da adımı hatırlamazsanız diye korktum. Ve yıllarca ben sizi rüyalarımda gördüm. Kokunuz, o kokunuz hep burnumun ucunda kaldı.

Sevgi Tanrıverdi: Seni nasıl unuturum yavrum? Sen kıymetlimdin benim. Sizin sınıf çok vefalı çıktı, neredeyse hepsi gelip buldu beni. Taha biliyor musun? Kevser küçükken de böyle ağız dolusu gülen, hep enerji dolu, sevgisiyle etrafına yansıyan biriydi. Aklımda en çok kalan yanı ise aşırı titiz bir öğrencimdi.

Kevser Demet: Biliyor musun Taha Amca, annem zeytinyağlı dolma yaptığı zaman okula da götürürdüm ve öğretmenimle teneffüste birlikte yerdik. Diğer öğretmenler de bazı zamanlar bize katılırdı. O gün aşırı mutlu olurdum ve kendimi çok özel hissederdim. Sizi de arada okula geldiğinizde görürdüm ve çok uzun olduğunuz için ben de çelimsiz kısa bir çocuk olduğumdan bana inanılmaz gelirdi boyunuz.

Sevgi Tanrıverdi: Sen çok zeki bir öğrencimdin Kevser, hem duygusal zekân hem de grup davranışların çok hoşuma giderdi. Dur hafızamı az daha yoklayayım seninle alakalı başka neler var anılarımda? Sizi beklerken de Taha Amcana da dedim, hatırlamadığım önemli neler var acaba diye o günleri anımsamaya çalıştım biraz. Babanı hatırladım, yaşıyor mu?

Kevser Demet: Öldü...

Sevgi Tanrıverdi: Başın sağ olsun yavrum. Tabii uzun yıllar oldu zaten o dönemlerde de bayağı vardı yaşı. Nurlarda uyusun inşallah. İyi insandı Abdullah Bey.

Kevser Demet: Sağ olun öğretmenim. On beş yıl kadar oldu neredeyse. Annem de öldü, onun da dört yıl bitmek üzere.

Taha Bey: Sizin ne kadar vaktiniz var gençler? Hadi kalkın sohbete bizim evde devam edelim. Hatta kahveleri bizim balkonda içelim.

Ali Bey: Çok teşekkür ederiz nazik davetiniz için Taha Bey, biz saat 21.00 sularında yola çıkmayı planladık. Sizinle bol bol zaman geçirmek istedi Kevser Hanım, yoksa daha erken yola koyulalım diye düşünüyordum. Malum yol uzun. Çocuklar bizi bekliyor evde.

Kevser Demet: Evet, biz yola çıkalım, çok teşekkür ederim Taha Amca davetiniz için.

Sevgi Tanrıverdi: Ali, kızımı 29 yıl sonra görmüşüm, bulmuşum, hayatta olmaz, bırakmam. Kalkın bize gidiyoruz ve hatta dün akşam Maraş lahmacunu yapmak için iç hazırladım onu yapayım. Sizlere nasipmiş, birlikte yiyelim. Lütfen oğlum, kırmayın beni. Kızımı bulmuşken sohbet edelim, biraz hasret giderelim hem gece gece yola çıkmayın, bizde yatın bu gece, çok rica ediyorum sizden. Hem Kevser ben öğretmenin değil miyim emrivaki yapıyorum, aaa kalkın hadi bize geçiyoruz direkt. Taha sen arabayı nereye bıraktın? Kevserler takip etsin bizi direkt eve geçelim, geniş geniş sohbet edip hasret giderelim. Hem onlar da duş alıp dinlensinler, benim de içim rahat eder, hayatta gece gece yola çıkamazsınız, izin vermiyorum.

Biz yola çıkacakken öğretmenimin evinde bulduk kendimizi. Şahane bir yerde oturuyordu. Evin balkonu ise tüm İzmir'i izlettiren panoramik bir görsele sahipti. Kahvelerimizi içiyorduk, bir yandan hiç susmadan sohbet ediyorduk. Ali içeride salonda uzanmış, Taha Amca da lahmacunu fırına götürmüştü. Bizi baş başa bırakmışlardı. Benim hafızam ve hatırladıklarım Sevgi öğretmeni şoke ediyordu. Okulun hiçbir öğretmenini unutmamış, her sınıfın öğretmenini tek tek soruyordum. Sanki hafızam zaman makinasıydı, her ikimizi de o günlere götüren sorular soruyordu. Zaman ise ne hızlı geçmişti...

Sevgi Tanrıverdi: Kevser hadi sen salatamızı yap yavrum, ben de masamızı ayarlayayım, ayran yapayım. Taha Amcan gelmek üzeredir.

Kevser Demet: Ayranı da yaparım ben, siz yorulmayın öğretmenim.

Sevgi Tanrıverdi: Yaşlı mıyım ben ayol?

Kevser Demet: Asla öyle demek değil amacım, size kıyamamak bu. Çok değerli benim için sizinle olmak ve evinizde birlikte salata yapmak. Bir öğrenci için nasıl büyük bir heyecan bunu inanın tarif edemiyorum. Sanki o siyah önlük üzerimde, beyaz yakam takılı da ben de şu an o anlardayım gibi hissediyorum kendimi.

Kıkırdayarak mutfağa girdik, hangi ara çay sevdiğimi söylemişse Ali, koca bir semaver çay da demlemiş canım öğretmenim. El birliği ile soframızı Maraş sofası gibi İzmir manzarasında donattık. Taha Amca da lahmacunları fırından sıcak sıcak getirmek için acele ile gelmişti eve. Her şey öyle mucize gibiydi ki sanki hayal görüyordum. Düşünsenize ilkokul öğretmeniniz size lahmacun yapıyor kendi evinde. Benim için yani çocuk Kevser için devasa bir durum. Ruhum onanıyor, her zerrem sevgi akışına bağlanıp şarj ediyordu bendimi.

O gece sabaha kadar biz iki kadın oturduk, sohbet ettik. Bir semaver de çay bitirdik. Yıllar neler getirdi, neler götürdü bunları çok konuştuk. Yine boynuna sokulup öptüm ve o kokuyu tazeledim burnumda. Saat 06.00 sularında yattık. Yaklaşık üç saat kadar sonra güneş dolu sabaha uyandık ve öğretmenim şahane bir kahvaltı hazırlamıştı. Hangi ara uyandın, hangi ara bu masayı kurdun ve sen nasıl bu kadar sevgi dolu olabiliyordun?

"Yüz yıllık bir dinlenişti bu benim için…"

Biz hep birlikte kahvaltı için yerleştik masaya. Yan odada şarj olan telefonum o saatte deli gibi çalıyordu, kahvaltı masasından kalkıp telefona bakmaya giderken bu saatte beni kim arar ki diye geçiriyordum aklımdan. Kesin operatör falandır dedim.

Gelen arama ekranında ise Eylül Hanım yazıyordu! Ne yalan söyleyeyim, telaşlandım doğrusu. Hemen açtım telefonu.

Kevser Demet: Alo. Merhaba Eylül Hanım, nasılsınız? Günaydın.

Eylül Hanım: Kevser Hanım uyandırmak istemezdim lütfen kusura bakmayın. Öncelikle size de günaydın.

Kevser Demet: Estağfurullah. Uyanığım, telaş etmeyin lütfen. Zaten biz dün gece dönemedik İstanbul'a, hâlen İzmir'deyiz. Siz döndünüz mü?

Eylül Hanım: Bu yüzden rahatsız ettim sizi. Kızım Masal Su aradı, çok ağlıyor, kötüymüş. Galiba o çocuk evde yalnız olduğunu öğrenmiş ve kızı tehdit etmiş. Israrla kendisini eve alması konusunda baskı kuruyormuş. Ben sakinleştiremedim ve yoldayım, ne yapacağımı bilemedim. Aklıma siz geldiniz, belki döndüyseniz bir şeyler yapabilir misiniz diye…"

Kevser Demet: Ben de henüz çıkmadım, İzmir'deyim, hay Allah! Ben arasam açar mı telefonunu, arayayım konuşayım isterseniz?

Eylül Hanım: Lütfen, inanın çok sevinirim. Yolda olmak, elimden bir şeyin gelmemesi şu an beni öyle bir girdap içerisine soktu ki anlatamam size.

Kevser Demet: Tamam, merak etmeyin. Hemen arayıp size bilgi vereceğim, lütfen sakin olun. Ağlamayın.

Eylül Hanım: Masal Su'nun sesi çok kötüydü, tam da kız düzelmişken nasıl oldu bu durum? Keşke gelmeseydim, bırakmasaydım kızı. Hay aksi.

Kevser Demet: Tamam, önce siz sakin olun. Gerisini birlikte halledeceğiz. Siz şimdi kapatın, ben hemen Masal Su ile görüşüp ardından sizi ararım. Hatta durumu polise de bildirelim.

Ben hemen müsaade istedim öğretmenim ve eşinden, onlar da konuşmaya kulak misafiri olduğundan olayın aciliyetinin farkındaydılar. Kahvaltıdan öylece kalkıp telefon sohbeti ettiğimi düşünsünler istemedim. Küçük bir açıklama yapıp, balkona geçip konuşmalarımın duyulmayacak şekilde Masal Su'yu aradım.

Masal Su: Alo. Kevser Hanım.

Kevser Demet: Masal Su merhaba, nasılsın? Annen aradı az evvel, senin için çok endişeli, neler oluyor? Senin için sakıncası yoksa benimle de paylaşmak ister misin?

Hıçkırarak ağlamaya başlamıştı ve sadece telefona yansıyan ses hıçkırıklarıydı. Onu anladığımı, korkmamasını, yasaların olduğunu, hemen ona, "Seni şikâyet edeceğim polise ve annem her şeyi biliyor," diye söylemesini ve geri püskürtmesini tembihliyordum. "Biz az önce annenle görüştük, az çok konuyu aktardı, biliyorum. Yalnız da değilsin, ben varım, annen var ardında," diyerek telkinlerde bulundum ilk olarak. "Gerekirse polis çağır, asla korkma," diye tekrar tekrar bunları söylüyordum. Biraz ağladıktan sonra sakinlemişti. "Ben bu gece dönüyorum, hemen ertesi gün sana randevu yazıyorum, dinlenmeyeceğim seninle kahve içmek istiyorum," dedim. Yaklaşık yirmi dakika kadar konuştuk ve "Tehditlerine aldanıp sakın onun yine dayatmasıyla istemediğin bir durumun içine girme," diye tembihliyordum. "Eğer yeniden ararsa polis çağırdığını söyle ve annem gelmek üzere, her şeyi zaten anlattım de," diyerek geri püskürtmesini sağlamaya çalışıyordum.

Bir genç kızın bu durumdan nasıl sarsılıp nasıl korkacağını tahmin edersiniz. Masal Su öyle narin, öyle naif bir genç kız ki gerçekten çok korkmuştu. Sakinleşti ve zekice davranıp itirazsız benim ve de annesinin yönlendirmelerine uymaya başladı. Durumu bu şekilde daha hızlı kontrol altına alıyorduk ve çıkılmaz yeni girdaplar oluşmadan sonucu güzel yönetmeye çaba gösteriyorduk.

Biz aynı gün yola çıkmıştık ve sık sık telefon kontağı kurup hem Eylül Hanım hem ben sürekli Masal Su'ya psikolojik yoldaş oluyorduk. İstanbul'a varınca ertesi sabah anlaştığımız üzere Masal Su kız ile buluştuk, kendisine minik de spiritüel terapi yaptım. Abla kardeş biraz dertleştik. Zaten artık annesi Eylül Hanım da evde dönmüştü, kızının yanındaydı. Ne dediysek itirazsız bize uydu bu süreçte. O tehditler savurup korkularını yeniden tetikleyen çocuğu da gerekli mercilere şikâyetlerde bulunup daha fazla haddini aşmamasını da sağlamıştı Masal Su.

Artık okul sürecini de gayet iyi yönetiyor ve notlarını da bayağı yükseltmişti. Kimsenin etkisi altında kalmamayı, insanlara çok da kulak asmamayı ders edindi kendisine. Yeni sezonda zaten hep staj görecek olduğundan tertemiz bir ortam ve alan oluşacaktı. Nitekim de öyle de oldu. Artık sağlık sektöründe şifa dağıtmak üzere stajına başlamıştı. Arada seminerlerime katılıp bana can oluyor ve hatta ortamlarda asiste ediyor beni. Bu anne ile kızın yaşadığı durum annesinin atalarından miras kalan bir karmasıydı ve annesinin karmasıyla birlikte kızının yaşamının üzerine çektiği yine kendisinin korkularıyla yüzleşmesiydi. Sonuç olarak genel hikâyeyi verme iznim olmadığından olayların son terapi kısımlarına girmeden anlatıp özet olarak aktardım sizlere. Eylül Hanım ve kızı Masal Su bu süreçte birlikte şifalandılar ve bu yolculuk ikisinindi. Artık her ikisi de bu karmadan temizlenip annesinin oluşturduğu çekimlerden arınmış durumdalar.

Unutmayın, çekim yasası cümlelerle ve imgelerle kendi yaşamınızda imajine ettiklerinizin gerçeğe dönüşerek vuku bulmasıdır. Bunu evrene göndermiş olduğunuz teklif mektubu gibi düşünün. Sizin ilk olarak zihninizde var edip negatif ya da pozitif olarak yaratımını desteklediğiniz bir alandır. Korkularınız ve duygularınızda yeşerir. Evrene yollanan bu mektubunuza ne yazarsanız o siparişiniz size aynı şekilde gönderilir.

Karma ise atalardan ve de DNA'lardan da geçiş sağlayabilmektedir. Ata köklerinden miras kalabilen bir geçiştir. Karmanın öncelikle kaynağına inip bu durumu oluşturan konuları ve yaratımları bulup temizleyerek dönüştürülmesi şarttır. Aksi hâlde sürekli olarak kendini ve devinimini aktif tutar. Ta ki fark edilip şifalanana kadar.

Bilmelisiniz ki spiritüel bir terapist size rehber olur, katalizör olur fakat o şifaya bağlanıp temizlenmek yine kişinin kendisine aittir. Danışan arzu etmeden, ruhen teslim olmadan, dönüşmeye ve de şifalanmaya safça niyetlenmeden, hele ki yardım aldığı kişi ile ekip olmadan kolay kolay dönüşemez.

Diğer süreçleri yine izin verildiği sürece sizlerle paylaşmaya devam edeceğim.

Kod Adı: Can

Akşam yemeğimizi yemiş, koca bir demlik de çay demlemiştim. Mis gibi bergamot kokusu sarmıştı evin odalarını. Demlenmiş olmalıydı, kalkayım bir çay alayım derken telefonuma bir mesaj bildirimi düştü. Benimle olan yolculuk sürecini tamamlamış, istediği hayatı ve şansı kendine çekmeyi öğrenmiş ve rezonans etkileşimini oluşturabilen eski bir danışanım Âdem'in mesajı vardı WhatsApp'ta. Zarif bir beydi kendisi ve bana ilk geldiğinde bir o kadar da kabuğunu kırmaya gönüllüydü. Nitekim de oldukça hızlı bulmuştu derinliklerine saklayıp özünde barındırdığı hazinesini. İyi bir ustaydı, hızlıca da işledi cevherini.

Artık işini kurduğunu, altına arabasını çektiğini, hatta bir sevgilisi olduğunu, yakın sürede de evleneceklerini anlatan upuzun iletisi vardı ekranımda. "Bana kattıklarınız ve rehberliğiniz için çok teşekkür ederim Kevser Hanım. Ruhumu görüp kendi özümle yani gerçek Âdem ile tanışınca ışık hızında da düzelmeye başladı hayatımda her şey, hem de ardı ardına ve kolaylıkla oldu. Sizin de dediğiniz gibi sihirli mucizelerim hayatıma meç olmaya başladı çok şükür," yazan bir ileti yollamıştı.

Âdem Bey yolculuğumuz esnasında benden olmadık mucizeler, imkânsız ütopik dönüşümler beklemeden her daim ekip hâlinde kalıp toplamda altı seans gelen danışanımdır. Avucuna koyulan tohumu çok güzel ekip yeşertti. Farkındaydı kendi mucizesini kendinin yaratacağının. Sadece yön istiyordu ve yoluna ışık tutan bir lambaya ihtiyacı vardı. Ben de istediği karanlığına sadece ışık tutmuş yolunu kendisinin seçmesine katkı olmuştum. Tıpkı bir sokak lambası gibi sessizce aydınlattım yolları. Sonunda kendisi de yolunu görüp seçimini yaparak yolculuğunu başlatmış, kendi başarı öyküsünü yazmak üzere kollarını sıvamıştı. Bu süreçte oldukça gayretli ve sabırlıydı. Avucuna koyulan her tohumu şahane renklerde açan çiçekler hâline getirdi. Küçücük şeylerden büyük mutluluklar yaratmayı her zaman bildi. Artık bahçesinden taşan renklerin sarhoşuydu ve hayatı mis gibi kokuyordu. Biliyordu bu bahçe onundu ve o bahçenin bahçıvanı da sadece kendisiydi. İstediğini eker, istediğini biçerdi.

"Seçimleriniz her zaman yaşam yolculuğunuzun şeklini belirler. Yeşertecek olduğun o tohumun ne olduğuna sen karar verir ve bahçene ne ekeceğini yine kendin belirleyip kendin seçersin. Çiçek ekersen çiçek verir. Ama yok ekmez, tembellik edersen, ot biçersin!"

Âdem Bey ile tanışalı bu geçen süreçte dokuz ay kadar olmuştu. İlk altı ay boyunca ayda bir defa spiritüel terapilerimizden dolayı aktif iletişimdeydik. Geri kalan üç aylık süreçte ise sürdürdüğümüz sürecin bildirimleri için arada haberleşiyorduk. Bu kısa sürede kendisi bir hayli yol almıştı. Her fırsatta bana pozitif geri bildirim olarak haber veren aramalarından ve mesajlarından takip ediyordum onu. Bu süre zarfında bazı bitişler, sonlandırmalar da olduğu oldu hayatında fakat öyle bilgece yönetti ki süreci açıklama yapmama gerek bile kalmadı. "Bazı bitişler yeniye davettir biliyorum Kevser Hanım, başka başlangıç kapısının anahtarıdır bunlar," diye bizzat kendisi söyledi hep bana.

Âdem Bey'in seansına 2018 yılında ocak ayında başlamıştık ve haziran ayına kadar da aynı disiplin içinde hiç aksatmadan dediklerime harfiyen uydu. Harika bir dönüşüm süreci geçirdi ve kendine yeni kapılar aralayan cesur bir ruhtu. Bu süreçte çevresinden de arkadaş ve akraba olmak üzere çok danışan yönlendirdi ve hâlen de yönlendirmeye devam ediyordu. Yine bir danışan yollamak istediğini yazıyordu bu gönderdiği mesajında da.

Müsait olduğumu, eğer kendisi de uygun durumda ise dilerse beni arayabileceğini yazan bir mesaj da ben attım. Hızla dönüş yaptı. Gelişmelerden, yeni oluşumlardan biraz konuşup hasbihâl ettik. Âdem Bey'in enerjisini hep sevmişimdir. Ardından bana gelmek isteyen kuzeni Can Bey'in randevusu için uygun zamana gün oluşturduk. Kendisine de insanların bana gelmeleri için devamlı olarak rehberlik etmesine çokça teşekkür ettim.

Âdem Bey: Rica ederim Kevser Hanım, ben bu mucizeleri bizzat yaşadım ve bizzat ben şahidim. İstiyorum ki çevremdeki herkes de yaşasın, kendine doğru yapılan bu yolculuğu tadımlayıp mutlu olsun.

Kevser Demet: Nasıl güzel bir insansın sen Âdem? Sadece kendi tencerene bakmıyor, etrafının da tabağı dolu olsun istiyorsun. Böyle temiz ruhların hepimizin çevresinde hep olması dileğiyle...

Âdem Bey: Estağfurullah. Çok teşekkür ederim.

Üç gün sonraya gün verdiğim ve Âdem Bey'in yolladığı kuzeni Can Bey'in randevu günü için geliyordum bu sabah ofisime. Evimin mesafesi çok yakın olmasına rağmen dehşet bir yağmur olduğundan trafik nerdeyse durmuştu. Tek telaşım bugün ilk randevusu olan danışanımdan sonra iş yerime varmış olabilme ihtimalinin stresiydi. Bildiğim birkaç kestirme yolu kullanmak geldi aklıma. Çok bozuk olan bu yolları sevmezdim ama bana bir hayli zaman kazandıracaktı. Çok da düşünmeden çevirdim direksiyonumu henüz yapılmamış tarladan bozma o çamurlu yollara. Kısa sürede arabanın çamurdan görünmez olmasına rağmen iş yerime ulaşmanın zaferini yaşıyordum. Hemen çayımı demledim, terapi odamın tütsülerini yakıp Halo terapinin ısı derecesini açarak her şeyi hazır ettim. Tam o esnada Can Bey aradı, iş yerinin yakınlarında olduğunu ama konum atarsam daha kolay bulacağını söylüyordu. Direkt kendisine konum yolladım. Tahmini beş dakika sonra kendisi de gelmişti.

Can Bey mavi gözlü, açık kumral saçlı, 1.70 boylarında, 49 yaşında Antepli bir beydi. Sıcakkanlılığı ve benim doğduğum topraklara çok yakın oluşu bizi hızla memleket sohbetlerine ve mutfak kültürüne çekmişti. Ne çok şey vardı konuşacak hemşehri olarak. Bu arada kendisine çay ikram edip bir yandan da değerler tablosunu doldurması üzere kendisine vermiştim. Hâlâ bir yandan sohbetimiz devam ediyor, sohbetimizin memleket kokusu verdiğim formu doldurmasını engelliyordu. Tekrar değerler tablosunu doldurup bana vermesini rica ettim. "Kusura bakmayın, hemen tüm dikkatimle dolduruyorum," deyip hızla tüm ciddiyetini forma yöneltip doldurarak bana verdi.

Can Bey'in doldurmuş olduğu değerler tablosuna bakınca ilk gördüğüm değer aşırı bastırılma ve özgüven sorunu yaşıyor olduğuydu. Karşımda oturan adamla alakası yoktu burada işaretli olan şıkların. Zira adamcağız gayet sıcakkanlı, özgüvenli, şen şakraktı. Sanırım tam konsantre olarak dolduramadı, ondandır diye düşündüm. Kendisine çayı bittiyse terapi odasına geçebileceğimizi söyledim. "Evet, bitti artık terapiye geçebiliriz Kevser Hanım," dedi.

Can Bey'i ilk olarak kök çakra çalışacağı şekilde tuz yatağına aldım. Ardından nefes dengelemelerini yaptık. Hz. dalgası ile bütün enerji katmanlarını onardık. Negatif kordonlarını ve bilinçsiz bilinci ile oluşturduğu yaratımları bilinçle yeniden yapılandırdık. Gerekli bütün ruhsal terapileri tek tek yaparak toplamda iki saat enerji beden onarımına çalıştık. Son ölçümlerimiz olan Radyestezi çubuğuna ise tuhaf bir etkileşim geliyordu. Çok acayip bir titreşim vardı. İlginç derecede ölçüm cihazına frekansı ile tepki veriyordu.

Radyestezi, insan bedeninde ve enerji katmanlarında oluşan canlı veya cansız nesneler için kullanılan ve de ışınım duyarlılığını saptayan ruhsal terapistlerin de oldukça faydalandığı bir ilimdir.

Ben de ağımıza takılan bu tuhaf frekansı ısrarla Can Bey'in enerji bedenini gezerek daha yakın bir işaret aradım. Bir hayli zaman aldı ama ben bu ısrarımı uzun süre sürdürünce pasif tutunan ruhsal geçişli bir varlığın enerji alanının Hz. dalgasını sonunda yakalamıştım!

Pasif tutunan, psişik tutunmalar, negatif varlıklar ve ölü geçişlilerden oluşan bir frekanstır.

Kevser Demet: Bana anlatmak istediğiniz, rahatsızlık duyduğunuz bir şey var mı? Mesela size önemsiz gelen ama bir yandan da sizi rahatsız eden bir duygu, bir rüya hatta size saçma gelen bir şey bile olabilir bu.

Can Bey: Bir itiraf bile olabilir mi bu? İlk olarak aklıma içimde tuttuklarım geldi.

Kevser Demet: Elbette.

Can Bey: Kevser Hanım, ben yaklaşık üç yıldır eşimden gizli iki kadınla daha yaşıyorum. Lütfen ayıplamayın beni. Birine hoca nikâhı kıydım, diğeri ise sevgilim. Hiçbiri birbirini bilmiyor. Henüz yakalayan olmadı.

Kevser Demet: Peki yakalansanız neler olur?

Can Bey: Karım duyarsa kayınpederime kadar ayağa kaldırır ve ortalık yangın yerine döner. Çocuklarım yüzüme bakmaz. Hoca nikâhlı eşim de bekâr sanıyor beni! O da duyarsa kesin terk eder. Sevgilim ise dul sanıyor, o öğrenirse gözünde kart bir zampara ve bir Kazanova olurum, anında da beni defedecektir başından. Kısacası bir duyulsa hepsinden aynı anda olurum.

Kevser Demet: Bu durum sizi panikletmiyor mu? Bir süre sonra insan panik atak olur. Ruh sağlığı bozulur. Çok yorucudur bu süreci yönetmeye çabalamak.

Can Bey: Geçen yıl panik atak teşhisim konuldu zaten. İlaç kullanıyorum.

Kevser Demet: Peki bu mevcut durumunuzdan siz mutlu musunuz?

Can Bey: Açık söylemem gerekirse eskiden heyecan duyuyordum, şimdilerde ise her an diken üzerinde olmak beni hem yoruyor hem de hepsine bütçe sağlamak fazlasıyla maddi sıkıntıya sokuyor. Sanırım yoruldum ve zaten eskiden verdiği heyecanı almıyorum.

Kevser Demet: Bu kadınlardan çocuklarınız var mı? Sonuçta uzun yıllara dayanmış ilişkilerden konuşuyoruz.

Can Bey: Sadece resmi nikâhlı eşimden üç tane, ellerinizden öperler, kızlarım var. Diğerlerinden yok. Bir şekilde olmaması için bahaneler üretiyor ve borçlarım bitsin öyle yaparız diye erteliyorum onları.

Kevser Demet: Peki çocuklarınız bu durumunuzu bilse neler olurdu?

Can Bey: İnanın en çok da bundan korkuyorum. Hayatta yüzüme bakmazlar herhâlde. Boğazıma kadar battım, çıkamıyorum artık işin işinden. Çok utanırım duyulursa. Toparlayamam bir daha ne kendimi ne ailemi.

Kevser Demet: Yani pişmansınız öyle mi?

Can Bey: Gerçekten çok pişmanım, ben neden, nasıl yaptım bunu da bilmiyorum. Sanki beynimde başka bir Can daha var ve o beni yönetiyor gibi.

Kevser Demet: Ne diyor mesela size o başka Can?

Can Bey: Ben hiç alkol almayan biriydim ama artık içmediğim akşam yok neredeyse. Sigara kullanmazdım mesela nasıl oldu anlamadan tütün bağımlısı oldum ve artık üzerimde paket taşıyorum. Namazlarımı kılan biriydim onu da bıraktım. Ben, ben değilim bunun da farkındayım. Ama sonuç olarak ayaklarımı birbirine dolayan da benim ve benim seçimlerim bunu biliyorum.

Kevser Demet: Ne kadar süredir böyle hissediyorsunuz Can Bey?

Can Bey: Yaklaşık beş ya da altı yıl kadar oldu bu ruh hâline gireli.

Kevser Demet: O dönemlerde yakınlarınızdan dedeniz ya da büyükanneniz gibi akrabalardan birisi vefat etti mi?

Can Bey: Evet, ben dayıma aşırı düşkündüm ve onun ölümü aşırı sarsılmama neden oldu. Hâlen her gece mezarlığa gidip, onunla dertleşip eve öyle gidiyorum. Her şey dayımın ölümü ardından başladı. Sanırım boşluğa düştüm. Tuhaf hareketler sergilemem o zamanlarda başladı çünkü. Mesela nedir diyeceksiniz. Örnekle ben hayatımda gazino ve benzeri yerlere gitmez, alkol almaz ve sigara ise ağzıma sürmezdim. Tek tek bunlar girdi hayatıma, ardından hoca nikâhıyla yaşadığım eşim girdi, ondan sonra sevgilim oldu derken benim hayatım allak bullak oldu.

Kevser Demet: Size bunları sorma nedenim Radyestezi çubuğuma pasif tutunan bir enerji frekansı takıldı. Ondan soruyorum. Yani özetle şöyle açıklayayım size, insan bedenine yapışıp kendi varlığını orada sürdüren negatif ruhlardır bunlar. Bir insanda onlarca, yüzlerce, binlerce de olabilir bir tane de olabilir. Sizi sakın korkutmasın söylediklerim. Bu pasiflerin amacı kendi yaşamlarını tutundukları bedenlerde ölmeden önce nasıl yaşıyorsa onu sürdürmektir. Siz istemsizce robot gibi her istenileni yaparsınız. Çünkü beden sizin ama yönetim onlarındır. Kısacası sizi bu duruma çeken şey sanırım dayınızın geçişini yapamayan ruhu olabilir! Onu kaynağına göndermeyen şey de sizin bu denli ona tutunmanızdır. Artık her ikinizin de bu durumdan özgürleşerek arınması lazım. Bence dayınızı ruhsal olarak önce siz serbest bırakmalısınız.

Can Bey: Ama nasıl yapacağım bunu?

Kevser Demet: Önce bu ruhsal olan pasif geçişli gerçekten dayınız mı onu bulmalıyız ardından gerisi kolay. Dayınız nasıl bir kişilikti ve şu an yaşadığınız hayatı bilse tepkisi ne olurdu?

Can Bey: Dayım aşırı çapkın ve gece hayatına çok düşkün bir adamdı. Öldüğünde hâlen bekârdı. Hiç evlenmedi. Bu çapkınlığı yüzünden hiçbir ilişkisinde dikiş tutturamadı. Alkolü aşırı severdi ama dedem hacı olduğundan ondan gizler, belli etmezdi. Ayık da gezmezdi.

Kevser Demet: Can Bey, bu kişilik ve yaşantı size de tanıdık gelmedi mi? Sonradan dönüşen hayatınızla bu kadar aynı olması sizce de sadece tesadüf mü?

Can Bey: Aman Allahım! Bunu nasıl çözeceğiz peki?

Kevser Demet: Siz buna rıza gösterirseniz benim enerji alanına girmem ve bu durumu dönüştürmem daha da kolaylaşır. Üst benliğinizle kalben izin verirseniz bana, birlikte bunu dönüştürebiliriz.

Can Bey: Kesinlikle rızam var Kevser Hanım. Bilinçle ve bütün benliğimle izin veriyorum.

Biz o gün dört saat süren terapi sonrası ikimiz de çok yorulmuştuk ama buna değmişti. Birlikte bütün parazitleri, negatif geçişlileri temizleyip dönüştürerek özgürleştirmenin zaferi ile sonlandırmıştık seansımızı. Can Bey artık yeniden kendi bedeninin istek, arzu ve kararlarının yönetimini ele almıştı.

Farkına varmak bile bir dönüşümken biz bu durumu bulup bilinçle dönüştürmüştük. Can Bey ayrılırken hâlen yaşadığı seansın şokunda ve kendi ruhsal uyanışının da çok başındaydı. Fizik bedeni aşırı gevşemiş ve enerji alanları tertemiz olarak ayrılmıştı ofisten.

Tam iki gün sonra kargosu geldi Can Bey'in ofise. Koca bir tepsi baklava yollamıştı sağ olsun. Teşekkür etmek için direkt aradım kendisini ve nazik davranışına çokça teşekkürlerimi ilettim. Şimdi nasıl olduğunu sordum çünkü en çok da bunu merak ediyordum. Daha yapacaklarımız bitmemişti aslında. Biraz ara geçmesini bekliyordum, daha çok temizlenecek alanları vardı. O gün çok hırpalandığı için bunu söylememiştim ama cinsel birliktelik kurduğu her kişiden sıvılar aracılığıyla birçok negatif geçişler edinmişti.

Can Bey: Kevser Hanım dün sevgilim beni kendiliğinden terk etti. Ne bir kavga ne bir sürtüşme, aramızda hiçbir neden yokken gitti. Helalleştik. Çok şaşkınım…

Kevser Demet: Üzgün müsünüz?

Can Bey: Tam tersine Kevser Hanım, adeta zincirlerimden kopmuş, kurtulmuş gibi oldum. Güzelce konuştum ve vedalaştık, gitti.

Kevser Demet: Çok sevindim buna inanın! O yaşadığınız şey gerçekten sizin seçiminiz değildi.

Can Bey: Galiba seansın etkisi çok hızlı yansıdı hayatıma.

Kevser Demet: Bakalım ileriki süreçte daha hangi alanlarınız dönüşecek? Hangi seçim size ait değilse onlar gidecek, birlikte göreceğiz. Bana güvenin.

Can Bey: O gün terapide yaşadıklarımdan sonra size sonsuz inancım ve güvenim var Kevser Hanım.

Kevser Demet: Çok teşekkür ederim Can Bey. Eksik olmayın. İnşallah bütün alanlarınızı temizleyerek dönüştüreceğiz beraberce.

Can Bey: En kısa zaman içerisinde tekrar seans almak isterim.

Kevser Demet: Bir ay sonra sizi tekrar bekliyorum. Bir bakalım tarihlere, size de en uygun günü belirleyelim. Şimdi sizden ricam lütfen verdiğim ödevleri disiplinli bir şekilde devam edin. Az çok Âdem Bey'den duymuşsunuzdur bu ödevlerin ne kadar elzem olduğunu.

Can Bey: Evet, bu sabah Âdem'i aradım, ona da teşekkür ettim beni size yönlendirdiği için. O da sıkıca tembihledi derslerini asla aksatmadan yap diye.

Kevser Demet: Şahane o hâlde. Çalışkan olmak ve dersleri ısrarla sürdürmek sizi daha hızlı sonuca götürecek.

Can Bey: Hiç şüpheniz olmasın Kevser Hanım, harfiyen uyacağım dersime. Hem size hem kendime söz veriyorum.

Kevser Demet: Süpersiniz. Unutmayın, şifa şifalanmak isteyene akar! Kendi düşünce ve eylemleriniz bu dersin etkisiyle yaşamınıza daha pozitif olarak yavaş yavaş kendini meç edecektir. Siz de tüm bu dönüşüm sürecinize hem şahitlik edecek hem de şaşıracaksınız. Her neye odaklanırsanız siz de o olacaksınız. Ben inanıyorum size, çok hızlı sonuç alacaksınız. Siz de kendinize inanın.

Can Bey: Çok teşekkür ederim tekrar. Randevu tarihinin bilgisini bekliyor olacağım sizden.

Kevser Demet: Rica ederim. Tatlınız için tekrar teşekkür ederim. Aynı tarihe, aynı saatte bir ay sonra randevunuz oluştu Can Bey. Uygun mu?

Can Bey: Afiyet olsun. Lafı bile olmaz. Görüşmek üzere o hâlde Kevser Hanım. Uygundur.

Kevser Demet: Çokça sevgi ve iyi dileklerimle Can Bey, görüşmek üzere…

Can Bey'e ara seansı için ikinci randevusunu da bu konuşma üzerine oluşturduk. Tekrar seansta görüşmek üzere sözleştik. Aynı günün akşamı da Âdem Bey aradı beni. "Kevser Hanım kuzenim çok memnun kalmış seanstan ve 'Tuhaf bir huzur var üzerimde,' diyor sürekli olarak. İnşallah o da bir an evvel hayatında sakin, huzurlu, eski mutlu günlerine döner," diyordu. Bu geri bildirimleri seviyorum. Enerjimi yükseltiyor ve yaptığım işin yorucu yanını bertaraf ediyor.

Can Bey aslında o gün süremiz yetmediği için gerçek anlamda benim açımdan tam olarak temizlenmemişti. Asıl rahatlığı ve yaşamsal konforu verdiğim ödevleri yaparak ve ara seansında tam temizlenerek yaşayacaktı. İkinci seansına bütün paniği sakinlemiş ve dingin bir beyin ile gelince daha da çok dönüşecekti. Teslimiyette ne kadar yukarıda olursa benim işim de daha hızlı kendisine kanal olacaktı.

Ben Âdem Bey'den ve Can Bey'in kendisinden bu aradaki oluşan dönüşüm olarak yaşadığı iyi ya da kötü hiçbir süreci anlık olarak bana bildirmemelerini ve gelince terapide aktarmalarını rica etmiştim. Hatta Can Bey'den yeni oluşumlar, başlangıçlar, yıkımlar ve bitişler ile alakalı notlar tutmasını tembihlemiştim. Heyecanlarını anlıyordum ama ben de kendi prensiplerime aykırı kalmak istemiyordum. Her olayı ve gelişmeyi dosyalarına işlediğim için sürekli haber verdiklerinde bunu yazamıyor ve kaçırıyordum. Bundan dolayı da notlarımın düzeni bozuluyordu. Çünkü kişiler gelince onların bütün bilgilerini içeren kişiye özel dosya açıyorum ve bu dosyalar sürekli yanımda olmuyordu. Disiplinli çalışmak danışanlarıma karşı verimimi arttırıyor. Buna anlayış gösteren ve sürekli olarak telefondan arayıp mesajlardan yazarak durum aktarma çabasına girmeyip, güzelce notlarını alıp bana geldiklerinde süreçlerini ileten bütün danışanlarıma yeri gelmişken anlayışlarından ötürü çok teşekkür ederim.

Randevu gününü iple çeken Can Bey'in nasıl heyecanlı olduğunu Âdem Bey'den duyuyordum. Nihayetinde o gün gelmişti. Bugün Can Bey'in iple çektiği o ikinci seansı vardı…

Kevser Demet: Hoş geldiniz Can Bey, nasılsınız?

Can Bey: Hoş gördüm Kevser Hanım, ben gayet iyiyim, sizi sormalı.

Kevser Demet: Ben de iyiyim çok şükür. Nasıl geçti seans sonrası süreciniz? Her şey yolunda mı?

Can Bey: Ben sanki yüz yıllık bir uykudan uyanmış gibiyim. Zihnim durgun, bedenim sakin ve yaşantıma yansıttığım telaşlarım birer birer hatta daha ilk seansımızın ertesi günü kaybolmaya başladılar. Sanki yıllarca hapsedilmiş kuşların kafesinin kapağını açtım ve tutsaklıklarından kurtulup özgürlüğüne kanat çırparak uzaklaştılar gibi bir duygu içerisindeyim. Hafifim. Çok hafif bir hâl içerisindeyim.

Kevser Demet: Ne şahane. Peki, derslerinizi düzenli yapabildiniz mi?

Can Bey: Asla aksatmadım, harfiyen uydum. Zaten ilk birkaç günden sonra aşırı kolaylaşıyor. Çok fazla gibi görünse de toplamda on dakikadan daha kısa süremi alıyor. Hiç zorlanmadan yaptım. Yaptığım her geçen gün ise enerjim artarak kendi alanımda çoğaldığımı ben bile hissettim.

Kevser Demet: Bugün yeniden komple bir dengeleme yapacağım size. Bu işlem aşağı yukarı bir saat kadar vaktimizi alacak. Daha da iyi hissederek ayrılacaksınız inşallah buradan.

Can Bey: Çok heyecanla ve sabırsızlıkla bekledim ara seansımızı. İlk geldiğim günün ertesi sevgilim olan hanımın sorunsuzca kendiliğinde hayatımdan çıkması tesadüf olamazdı. Size minnettarım.

Kevser Demet: Estağfurullah Can Bey, işim bu benim, vazifemi yaptım.

Can Bey: Ben bu seansımızın da dönüşümünü çok merak ediyorum.

Kevser Demet: Aslında bazı dönüşümler sadece yapıcı olarak yansımaz hayatınıza. Ne kadar insanlara yıkıcı gibi gelse de. Örneğin bir evliğin bitmesi, bir işin sonlanması aslında danışanın yeni başlangıçları için altyapıyı oluşturmakta olmasından ötürüdür.

Bazen danışanlarımın hışmına uğruyorum. Sebebi ise artık kendisine hizmet etmeyen bir iş alanı ya da duygusal birliktelikleri bitince delirip bana geri bildirimde bulunuyor, sizden sonra işimden ve sevgilimden oldum gibi sitemli geri dönüşler yapıyorlar. Hâlbuki o bitiş nötr bir alandır hayatlarında. Artık hizmeti bittiğinden ve yerine daha da iyisi gelmek üzere olduğundan yaşantılarının kolaylaştırıcılarıdır. Daha hayırlı kapıların açılmasına sebep yaratacak olan en büyük unsurlardır.

Bazen ısrarla bırakmayıp sıkıca hayatımızda tuttuğumuz şeyler gelecek olan daha güzel oluşumları ertelemekten başka işe yaramaz. Çünkü evren boşluk kabul etmez. Nereden açığımız ve eksiğimiz var, işte tam oradan dolarak akar hayatımıza. Bundandır ki asla amacına artık hizmet etmeyen durumlarınızı zoraki hayatınızda tutmaya ısrar etmeyin. Etmeyin ki mutsuz olduğunuz alanınız mutluluğuna dönüşerek gelsin yeniden.

Can Bey: Bu konuyu kuzenim Âdem ile de çok konuştuk. Aslında çok şey öğrendim her ikinizden de bu kısacık süreçte. Her türlü oluşuma kozamdan çıkmak için gönüllüyüm. Teslimiyetteyim.

Kevser Demet: Çok hızlı öğrenmişsiniz Can Bey, vallahi sizin gibi bilinçli gelenlere daha keyifle giriyorum seansa ne yalan söyleyeyim. Çünkü bazı danışanlar sadece benim seans esnasında yaptığım dengelemeden ve yaptığım dönüştürmelerden medet umarak ileriki sürecine tek katkı sağlamadan bekliyor öylece. E doğal olarak dönüşüm süreçleri çok uzun oluyor. Benim yaptığım dengeleme ile yetiniyorlar. Kendilerine gelen mesajları okumayı ısrarla reddedip ilahi mesajlarının bağlantılarını keşfedemiyorlar.

Benim işim ekip işi olduğundan ayak diretmeden ve ekip olanlara daha hızlı kanallar yaratan bir alan. Benim tek başıma yaptığım seans kişiye sadece geçici bir şarj ve motivasyon olur. Sizin kendi adınıza verdiğiniz çabanıza ve sükûnet dolu adımlarınıza gerçekten teşekkür ederim. Artık hazırsanız sizi terapi odamıza alayım mı? Hazır mısınız?

Can Bey: Hazırım Kevser Hanım. Bu süreci ve sonrasını inanın çok merak ediyorum. Acaba tekrar geldiğimde neler üzerine konuşup neyin şaşkınlığı içerisinde olacağım?

Kevser Demet: Birlikte göreceğiz bu süreci ve güzel oluşumlar üzerine konuşmaya niyet ediyorum ve de evrene bunu sevgiyle not ediyorum.

Can Bey: Âmin.

Kevser Demet: Âmin.

Can Bey'i ilk olarak topraklamak üzere Halo terapiye aldım. Ardından çakra noktalarına Hz. dalgası ile aktivasyonunu tazeledim. Negatif kordon ve bağlarını keserek dengelemelerini yeniden yaptım ve bir saat sonra kendisini arınmış ve de gerekli enerji beden akordu yapılmış olarak o günlük seansımızı sonlandırdım. Görüşme odama alıp kahve ikramı eşliğinde ilk terapiden sonra oluşan olumlu ya da olumsuz gördüğü her şeyi tek tek not almak üzere kendisi ile minik bir görüşme daha yaptım. Notlarımı da aldıktan sonra kendisine tam bir ay sonrasına üçüncü randevusu için gün oluşturduk. O günün tarihini Can Bey için yine önceden kapattık.

Biz o gün seanstan sonra bir diğer seans günü gelene kadar hiç iletişimde olmadık. Kendisi süreci kavramış, derslerini yapıyor ve dikkatini çeken oluşum ya da yıkımların notunu alıp akışta kalmaya ve de yapılanmada direnmemeye devam eden çok bilinçli bir danışan olarak bu süreci benimle birlikte yönetiyordu.

Aslında arada ben de merak ediyordum Can Bey'i. Acaba herhangi yeni bir dönüşüme girmiş miydi? Yoksa rutin olarak mı geçecekti bu ay? Birçok olasılık vardı! Belki anlatacak tek bir şeyi olmadan gelecekti. Böyle durumlarda danışanlarımda minik de olsa bir motivasyon düşmesi görüyorum. Ama her kişinin süreci farklı işliyor ve buna ben değil ilahi zaman karar veriyor. Danışan pes etmeden aynı kararla devam ederse dönüşüm mutlak suretle vuku buluyor ama yok deyip kendini ve motivasyonunu aşağı çekerse sil baştan aynı döngünün içerisine düşüyor. Tercihler ve seçimler kişilerin hayatını ve de kaderini burada daha fazla yönetiyor. Bizi var eden tercihlerimiz ve seçimlerimizdir, her daim de bu böyle olacaktır. Hiç kimse birinin içinde bulunduğu duruma dışarıdan yön veremez. Ancak kişinin talebi üzerine ona rota olabilir...

Bu sabah posta kutumda bir davetiye karşıladı beni iş yerime gelince. Merakla aldım, ofisime girdim ve zarfı açtım. Davetiye Can Bey'den geliyordu. En büyük kızının bu hafta sonu nişanı varmış. Ne zarif adam dedim, bu telaşında bile enerji terapistini unutmayacak kadar ince! Gitmeyi çok isterdim fakat o hafta sonu önceden verilmiş başka sözüm olduğundan gidemedim. Tabii ben gidemesem de davetiyede bulunan adrese tebrik kartım ile çiçeğimi yolladım. Gençlere sonsuz mutluluk ile masallarının bir ömür sürmesini notuma ekledim.

Davetiyenin geldiği gün Can Bey için minik bir jest yapma fikri geldi aklıma. O akşam eve geçerken bir çiçekçiye uğrayıp saksı, bir paket toprak ve biberiye tohumu aldım. Eve geçer geçmez de ektim. Daha Can Bey'in seansına neredeyse yirmi gün kadar zaman vardı. Ben tohumları saksıya aynı akşam evde ekip ertesi sabah da iş yerime götürdüm ve düzenli olarak suyunu verdim. Hafif filizlenip tohumun çatlamasının hemen ardından Can Bey'in randevusunun zamanı da gelmişti. Niyetim bu tohumu kendisi gelmeden önce çatlatarak ona hediye etmekti. Bu ironiyi kendi dönüşüm süreci gibi görmesi adına düşünmüştüm. Beğenir miydi? Her gün düzenli bakar mıydı? Hiçbir fikrim yoktu. Biberiye tohumu seçmem ise gücün ve sadakatin simgesi sayılmasındandı.

Nihayet yirmi günün sonunda Can Bey'in bugün üçüncü seansı vardı ve ofisime gelip ilk işim yolda gelirken aldığım tül ve kurdele ile tohumları ektiğim saksıyı paketlemek oldu. Çayımı demlemiş, Can Bey'in geçmiş seans notlarına bakıyorken kapı çaldı.

Can Bey: Merhaba Kevser Hanım, biraz geç kaldım kusuruma bakmayın, trafiğe takıldım.

Kevser Demet: Hoş geldiniz Can Bey. Hiç sorun değil.

Can Bey: Sağ olun anlayışınıza.

Kevser Demet: Rica ederim. Lafı bile olmaz. Odama buyurun lütfen, birer çay içelim, acelemiz yok nasılsa.

Can Bey: Nasılsınız görüşmeyeli?

Kevser Demet: Çok teşekkür ederim, iyi gidiyor. Siz nasılsınız? Nişan nasıl geçti? Gelmeyi çok dilerdim ama inanın çok önceden verilmiş başka sözüm vardı, ona denk geldi. Nazik davetiniz gerçekten çok anlamlı.

Can Bey: Sizin de orada olmanızı ne yalan söyleyeyim elbette çok isterdim. Çünkü bu nişanın mimarı sizsiniz! Ama verilmiş sözlere saygımız var, gelmiş kadar oldunuz. Çiçeğiniz ve notunuz için kızımın da ayrıca iletmemi istediği teşekkürünü getirdim size.

Kevser Demet: Rica ederim, çok mutlu olsun gençler inşallah. Bu arada size minik bir hediyem var. Umarım beğenirsiniz. Yirmi gün önce ektim bu tohumu sizin için ve tıpkı sizin dönüşüm süreciniz gibi tohumdan çatlayıp filiz verdi yaşamına.

Can Bey: Ne zahmet ettiniz, çok teşekkür ederim. Benim için çok kıymetli inanın bu jestiniz. Erkek olarak bilirsiniz bizlere nedense çiçek hediye edilmez. Aşırı duygulandırdınız beni.

Kevser Demet: Bakımı çok kolaydır. Güneş görmeden de büyür, suyunu ihmal etmeyin yeter. Saksınızda filizlenen tohum ise biberiyedir. Biberiye gücün ve sadakatin simgesidir.

Can Bey: Ağlatacaksınız beni…

Kevser Demet: Ee nişanın mimarının ben olduğumu söylediniz az evvel, bunu biraz açabilir misiniz?

Can Bey: Şöyle, ben size gelmeden önce kızım damadımla zaten flört ediyordu. Annesi aracılığıyla da bana açılmıştı. Fakat ben çocuğun hâlen bir işi olamadığı için direkt hayır dedim. Hatta baskı ile de konuyu bir daha açtırmamak üzere kapattım. Asla konuşulmasına da müsaade etmedim. Size gelmeye başlayınca olaylarda ısrarcı olmamayı deneyimleyerek yaşadıkça ön yargılarımdan da sıyrılmayı öğrendim.

Hayatımı, bakış açımla yarattığım yaratımlarımı yönetmeyi sizin de rehberliğiniz üzere daha iyi anladım ve öğrendim. Naçizane artık daha farkındalıkla ve bilinçle adım attığımı düşünüyorum. Zira şu üç aylık süreçte neredeyse hayatıma bambaşka yön geldi. Ben bittim, tükendim dediğim anda ve ayağım kendi ayağıma dolamışken iyi ki size rastladım Kevser Hanım. Az sonra seans bitiminde vereceğim notlarım karşısında siz de benim ne ve ne demek istediğimi daha iyi anlayacaksınız.

Kevser Demet: O hâlde bir an önce seansınızı yapayım ve sonuç notlarınızı alayım. İnanın hem merak içerisindeyim hangi alanları dönüştürdünüz diye hem de aşırı sevinçliyim bu farkındalığı bir kişiye daha aktarabilmiş olmaktan dolayı.

Hemen çok bekletmeden Can Bey'in seansını gerçekleştirip gerekli her alanlarını temizleyip enerji kanallarına Hz. dengesini vermiştik. Odama geçip kendisine kurabiye ile çay ikramında bulunup notlarımı almak üzere heyecan içerisinde ben de koltuğuma oturdum. Zira belliydi büyük ve yeni yaratımların olduğu. Can Bey'in hem cümleleri hem vücut diline yansıyan hareketleri zaten bunu belli ediyordu. Kalbim ağzımda, heyecanım hat safhada notlarımı almak üzere Can Bey'e sordum.

Kevser Demet: Son seansımızdan bu yana neler değişti? Mesela neler yeniden oluştu ve hayatınızda neler yıkılıp son buldu? Bana biraz bunlardan bahseder misiniz?

Can Bey: En başta ön yargılarım yıkıldı Kevser Hanım, bu net. Öyle kilit noktalarımda özgürleşip, yeniden dönüşüp hayat buldu ki ben bile bu denli kısa sürede bunun oluşmuş olmasına ne yalan şaşıyorum.

İlk geldiğimde nasıl ayrılacağımı bilemediğim ve işin içinden çıkamadığım sevgilim kendiliğinden sorunsuzca gitti hayatımdan. İkinci geldiğimde hoca nikâhı olan hanımım babasına gezmeye gitmişti ve o süreçte uzunca zaman memleketinden dönmedi. İki hafta önce de aradı ve benden ayrılmak istediğini söyledi. Babasının evinden benimle aynı ortak yaşadığımız eve gelmek istemediğini bildirdi. Ben şok üzerine şok yaşadım, bu kadınların zamanını çalmış, umut vermiştim ve bu kadar rahat, sorunsuz beni bırakmaları benim için mucizeydi.

Böylece evime ve eşime daha fazla zaman ayırabiliyordum, kafam rahat olduğundan işlerime konsantre oldukça da maddi gücümü yeniden kazanır oldum. Bütçem de artık fazla dağılmıyordu. Ardından geçen hafta şükür namazı kılmıştım sonra hiç bırakmadan namazımı tekrar kılmaya başladım. Alkolü bıraktım. Evimize yeniden huzur geldi. Kızımın istediği kişi ile evlenmesi daha doğruydu, bu yüzden, "Çağırın hâlâ ciddilerse gelsin istesinler," dedim. Resmen hayatıma sihirli bir değnek değmiş gibi her şey sırasıyla yoluna kendiliğinden girmeye başladı. Sizin bana söylediğiniz cümleniz geliyor arada aklıma ve yüzümde gülümse oluyorsunuz.

Kevser Demet: Ne söylemiştim size hatırlayamadım?

Can Bey: "Nasip diye bir şey yok, niyet var. Nasip öyle oturarak ayağına gitmez kimsenin. Önce niyet gerektirir, ardından niyeti eyleme dökmek ve sonra nasibin zaten gelir Hint'ten de Yemen'den de," demiştiniz.

Her hatırladığımda ne demek istediğinizi daha da anladım. Kendim için sayenizde bir adım atmıştım ve yürüdüğüm yolun kararlılığı ile istikrarı belirledi yeni hayatımın akışını. Önce niyet ettim, ardından eyleme geçtim ve her şey nasıl da kendiliğinden yoluna girdi. Bütün hatalarımdan daha fazla kimseyi kırmadan, dökmeden arınmıştım. Siz harika bir rehbersiniz Kevser Hanım. Yoluma ışık oldunuz ve kör düğümlerimi nasıl çözeceğimi gösterdiniz. Minnettarım size, gerçekten çok teşekkür ederim.

Kevser Demet: Estağfurullah Can Bey, her daim seve seve. Ruhum sizlerin dönüşümü ile besleniyor benim de.

Can Bey: Ne kadar gelmem gerekse o zamana kadar koşaraktan geleceğim terapilerime. Çünkü her defasında bambaşka kapılar aralandı hayatımda. Değişim evet bekliyordum fakat bu denli tıkır tıkır işleyeceğini ve hiç yorulmadan kolaylıkla olacağını inanın beklemiyordum. Hani en başta dediniz ya, "Çok büyük beklentiler içerisine girmeyin," diye, her dönüşümüm zaten büyük bir olay oldu hayatımda. Ben beklentiye girmedim ama en beklemediklerim kolaylıkla halloldu. Şaşkınlıklarımı atamadan ardı ardına mucizelerim vuku buldu. Siz benim mucizemsiniz derken bunu sahiden söylüyorum. İnanın siz benim en değerli rehberim, en kıymetli öğretmenim oldunuz. Kör gözlerimi açtınız. Ne çok hata içerisindeymişim meğer ve bunları bana siz söylemeden benim görmemi sağladınız.

Can Bey öylesine güzel cümleler ile geri bildirim içerisindeydi ki ben de aşırı keyiflenmiş ve de kendisi kadar hafiflemiştim. Geri kalan süreçlerini iki aylık periyotlarla takip ettim. Öyle özel dönüşüm içerisinde o kadar geniş ve pozitif alan hâline getirdi ki hayatını ben de Can Bey'in bu disiplinine hayran kaldım. Hepsi kendi başarısı ve farkındalığıyla dönüşmesiydi.

Can Bey'in sonraki seansları aile içinde çok özel ve güçlü dönüşümler getirdi ve de bu süreci yazma iznim olmadığından sizlere kendisinden izin aldığım kadarının bazı bölümlerini de gizli tutarak anlatmaya çalıştım.

Farkındalıkla ve sevgiyle kalın…

Kod Adı: Berfin

Günlerden 21 Şubat 2019'du ve bu sabah alarmımı her hafta içinde olduğu gibi yine saat 08.08'e kurulmuştu. Çünkü oğlum Onur'u okuluna ben bırakıyordum. Günün ilk uyanma saatini bilerek bu rakamlara ayarladım. Nedeni ise 8 rakamının bereket ve her türlü zenginliği temsil eden enerjisidir. Neye ihtiyacınız varsa onu çeken titreşimlere sahiptir 8 rakamı. "Ruhsal Haritam Tohumdan Çatlamak" kitabımda genişçe yer verdim bu konuya, dilerseniz oradan bütün rakamların anlamını öğrenebilirsiniz.

Telefondan alarmım çalmaya başladığında gözlerimi araladım ve yatağımdan cama ilişti direkt bakışlarım. Hava yoğun sis içindeydi. İnsanı yataktan kalkmaması için alıkoyan bu sisler, ruhumun üzerinden süzülüp bedenime tıpkı bir beton ağırlığı gibi çökmüştü. Biraz daha, sadece azıcık daha diye geçirdim içimden. Ne olurdu bir saat daha uyumaya vaktim olsaydı sanki? Çok uykum vardı, bir hayli geç yatmıştım gece. Her gün danışanlarımın o günkü hikâyelerini yazmadan yatmadığımdan ve dün geceki konunun ise oldukça sıra dışı oluşu beni geç saatlere kadar uyanık tutmuştu.

Ağır bir yük var gibiydi göz kapaklarımda ama kalkmam da gerekti ve ben bu durumun uykulu da olsam bilincindeydim. Sürünerek diyeceğim bir tabirle kalktım ve elimi yüzümü soğuk suyla yıkayarak ayılmaya çalıştım. Onur'un odasına girip kocaman bir öpücük kondurdum yanağına ve "Günaydın minik sevgili," dedim. Evimizin kedisi Cosmos da kapıda bekliyordu ve ben Onur'un odasının kapısını açtığım anda direkt sızmıştı içeriye. Onur, henüz dokuz yaşında ve dördüncü sınıfa gidiyor. Naz yaparak hafif yana kaydı yanına uzanmam için. Biraz sırnaşmak ve yatağında kalmak için zekice bir davetti bu bana yapılan. Yattım ve sarılıp biraz kokusunu içime çekerek ben de minik bir oyun ile karşılık verdim oğluma. Ben ses etmedikçe Onur uyanmaya başladı ve "Anneeee, kalksana okul saati geldi," dedi. Benim de oyunum uyku numarasıydı, kısasa kısas yapmıştım. Cosmos ise halıya geçirdiği tırnaklarını törpülüyordu. Sevilme sırasını telaşla beklediği çok belliydi. Sıra yere sırtüstü yatarak bizi oyuna davet eden Cosmos'a gelmişti ve biraz kudurduk, oyun oynadık üçümüz. Ardından Onur'u okul için hazırlanmaya başladım hızlıca.

Saat 08.55 sularında Onur'u evin birkaç sokak ilerisinde olan okuluna bırakmıştım ve eve tekrar dönerken bugün gelecek olan danışanımı düşünüyordum. Dört beş gün olmuştu randevuyu oluşturalı ve telefonda dediği cümle kulaklarımda çınlıyordu! "Kevser Hanım, ne olur Tohumdan Çatlamak kitabındaki Deniz Bey'e nasıl randevu ayarladıysanız bana da bu perşembe lütfen randevu verin, bunu çok istiyorum," diyordu. Tesadüf o ki tam da dediği güne ve saate alınan randevu başka gün ile yer değiştirmiş, o istediği aralığa kendisi için randevu yeri önceden açılmıştı. Nasıl da zihni ile oldurma, istediklerine alan yaratma gücünü kontrolsüzce de olsa kullanıyordu daha o güngörmüştüm! Kendisi, kendine en uygun randevuyu istediği gibi ayarlayarak düşüncelerimi haklı çıkarıyordu.

Nasıl bir ruh gelecek ve bu seansta acaba neler dönüşecek diye o gün çokça düşünmüştüm üzerine. Biraz merak biraz da heyecanla bu ruhu ve de ruhun enerji alanını oldukça merak etmiştim. Enerjisi ve enerji bedeni kendisinden önce gelmiş ve zihnimde dolanıyor olması zaten büyük bir işaretti benim için. İşte bugün o gündü. Günlerden perşembeydi ve Berfin Hanım'ın randevusu saat 13.00'da idi.

Onur'u okuluna bırakıp, eve dönüp biraz miskinlik yaptım. Bir saat kadar tekrar uyudum zira aşırı yoğun bir dönemden geçiyordum ve böyle geniş bir zaman bulmam piyango olmuştu bana. Yaklaşık bir saat kadar uyumuş ve aniden uyandığımda direkt olarak saatime baktım. Ya geç kaldıysam diye panikleyip hızlı bir uyanışa geçti beynim. Saat 11.00 sularıydı ve az bir zaman kalmıştı seansa. Üstelik Mavizihin Akademi'yi taşıdığım için taşınma sürecinde asistanım Leyla işten ayrıldığından yine asistansız kalmıştım. Henüz yeni bir asistanım da yoktu. Ali Bey sabah kendi iş yerine giderken benim iş yerime de uğrayıp terapi odamın kristal yatağının ısı derecesini açmıştı sağ olsun. Kişiye özel ve danışanın ön bilgisinde aldığımız kilosuna göre önceden ayarlandığı için bu yatak işini de Ali Bey halletmişti o sabah.

Saat 11.05 gibi telefonuma bir mesaj düştü, Berfin Hanım'dan geliyordu bu mesaj.

"Kevser Hanım ben Mecidiyeköy'deyim, yaklaştım, bilginiz olsun," diyordu.

Hızla hazırlanmaya başladım çünkü randevumuzdan erken geleceğe benziyordu ve benim acilen iş yerine gidip ön hazırlıklarımı yapmam gerekiyordu. Ben hızla hazırlanıp evden ofise doğru yola koyuldum. 12.15 sularında tekrar telefonum çaldı ve arayan Berfin Hanım'dı.

"Kevser Hanım tekrar merhaba, ben hangi durakta ineceğim, geldim. Beylikdüzü'ndeyim."

Berfin Hanım Anadolu yakasından, Kavacık'tan geliyordu bu seans için. Geç kalırım diye erkenden düşmüş yollara, o denli nezaket sahibiydi kendisi. Fakat verilen randevu saatine ne geç ne de erken gelmiş olması, üstelik tam o saatte içeri girmesi biraz tesadüf gibi görünse de bu tesadüf değil yardımcı meleklerinin hep yanında olduğunun bana göre en büyük işaretlerinden biriydi.

Bu arada ben çay demlemiş, sandal ağacı tütsümü terapi odama yakmış ve tüm ön hazırlıklarımı tamamlamıştım. Telefonum bir defa daha çaldı ve Berfin Hanım ofisin hangi katta olduğunu soruyordu. Kapıyı açtım, kollarımı da tabii ki ve kucağında mor sümbüllü bir buket ile Berfin Hanım bana doğru geliyordu. Yıllar öncesi ayrılmış iki yoldaş gibi sımsıkı sarıldık önce ve ardından boynuna sokulup kokladım fark ettirmeden. Tanıdık, bildik bir ruh bu, yabancım olmadığı kesindi ve kokusu da bunu onaylıyordu! Keza burnum aşinaydı bu kokuya... Ayakta birbirimize bakıp bakıp sarıldık, hem de defalarca. "Allahım sana çok şükür," diyordu sürekli olarak. Gülen, yuvarlak gözleri vardı. Ne şahane bir enerjiydi bu ve nasıl da harika bir yansıma olarak beni aydınlatıyordu bir bilseniz...

Taze demlediğim çayın kokusu mutfaktan antreye doğru raks ederek salınıyordu burnumuza.

Kevser Demet: Berfin Hanım biraz dinlenin siz, şöyle oturun, buyurun lütfen. Hem bize taze çay demledim, sohbet ederken siz gelince birlikte içeriz diye.

Berfin Hanım'a oturacağı yeri gösterip mutfağa yöneldim. Kucağımda tuttuğum Berfin Hanım'ın getirdiği mor sümbüllü buket her zerreme işlenmiş bir koku olarak beni ele geçirmişti ve mutfaktan seslendim.

Kevser Demet: Berfin Hanım, biliyor musunuz? Sümbül beni çocukluğuma götüren bir çiçektir. Çünkü hep bu kokuda babam gelir aklıma... Anneme sadece sümbül ve nergis mevsimi çiçek alırdı babam.

Yüzüne acı bir gülümseme ilişti o an Berfin Hanım'ın! Mutfak kapısının yönü tam Berfin Hanım'ın oturduğu yere bakıyordu. Onu kolaylıkla görebiliyordum. Üzüldüğünü yüzünün yere eğilmesinden anlamıştım. Öyle ya pot kırmış olabilirdim. Sustum... Hay Allah, belki babasını çok seven biridir ve belki de babası hayatta değildir diye geçirdim içimden.

Kendisi verdiğim formları doldururken ben de küçük küçük tanışma soruları soruyordum. Berfin Hanım ise beni nasıl bulduğunu, bana nasıl mucizevi şekilde denk geldiğini, büyük heyecan içerisinde anlatıyordu.

Berfin Hanım: "Allahım lütfen bana bir yol göster ve bir rehber yolla, ne olur bir işaret ver. Bir rehbere çok ihtiyacım var. Küçük de olsa razıyım, minicik bir mesaj göster Allahım," diye dua ettim hep Kevser Hanım.

Ve o gecenin ertesi günü benim Ruhsal Haritam Tohumdan Çatlamak kitabımın reklamını görmüş Instagram sayfasından. Direkt ekran fotoğrafı alıp, "Aradığım cevap bu kitapta olmalı," diye aynı gün sipariş etmiş. Berfin Hanım mesajlara çok açık bir ruh olduğunu kendisi de çok önceden fark etmiş ve bu dili kullanıyormuş artık sürekli olarak günlük hayatında da. O an karşımda oturan kadın dupduru akıyordu enerji alanıma ve zaten duru görüleri aşırı aktifti, üstelik kendisi de bunun farkındaydı.

Berfin Hanım 1.60 boylarında, 47 yaşında, koyu kumral saçlı, siyah iri gözlü, ışıltılı gülüşlere sahip, bir o kadar da yorulmuş, yıpratışmış bir ruhtu. Yaşama sımsıkı tutunan, asla pes edip kolaya kaçmayan harika bir insandı kendisi. Farkındalığı en yukarılarda ama ruhsal arayışını henüz tamamlamamış olmanın huzursuzluğunu taşıyordu bendinde.

Gözlerime baktı, "İyi ki geldim, iyi ki sizi buldum," dedi. O an boşalmış çay bardaklarını yeniden doldurmak üzere kalkmıştım ben de ve mutfaktan döndüğümde yüzüne bakınca aklından sigara içmek istediğini düşünürken gördüm. "Dilerseniz bahçede bir sigara içip öyle devam edebilirsiniz," dediğimde kocaman kocaman açarak gözlerini, "Bunu nasıl anladınız?" dedi. Gülümsedim, "Özür dilerim, sizi ürkütmek istemedim," diye cevap verdim. "Yok, hayır, korkmadım ama şaşırdım biraz," dedi. Eşlik ederek kendisine bahçeye çıkardım ve çayını da yanına götürdüm.

Kendi kendine mırıldanıyordu ve ben bunu duyuyordum. "İnanamıyorum burada olduğuma, inanamıyorum," diyordu tekrar tekrar. Bir yandan sigarasından telaşlı derin nefesler çekiyordu, bir yandan çaktırmadan beni inceliyordu. Hava serin olduğundan üşür endişesiyle doluydum zira sigara içtiği bahçem oldukça soğuktu ve rüzgâr esintisi ile doluydu. Sürekli olarak bir şeyler anlatıyordu, kesitler, spoiler veriyordu yaşamına dair.

Kevser Demet: Artık hazırsanız bana çok özel bilgilerinizi fazla anlatmadan sizi seansa alayım Berfin Hanımcığım. Ne dersiniz?

Böylece hem hayatına ait ön bilgileri almamış hem de üşümesini engellemiş olacaktım. Ben seans odasına danışanlarımın geçmişine ait sıfır bilgi ile girmeyi doğru buluyorum. Çünkü nokta atışlarım o zaman anlam buluyor ve zihinleri daha hızlı ikna olup yapılan işlemin zenginliğini anlıyorlar. Sıfır bilgi ile seansa girmek bana da ayrı bir heyecan verip bambaşka kapılar aralıyor zihnimde. Ne de olsa ben seans esnasında hiçbir şey bilmiyor olarak giriyorum o terapiye.

Biz odaya geçerken Berfin Hanım'ın elleri titriyordu, bunu görebiliyordum. Heyecanını anlıyordum. Seans odasına geçtik, yaklaşık üç saatimiz burada geçecekti, bir şey isteyip istemediğini sordum. O da, "Ben hazırım," dedi. Berfin Hanım, yine aynı cümleyi tekrar ediyor, buna bir yandan da mucize gibi bakıyordu.

"Ben Deniz Bey hikâyesinde olduğu gibi seans istedim ve gerçekten Tohumdan Çatlamak kitabında yazdığınız gibi hem perşembe hem aynı saatler denk geldi," diye tekrar etti.

"Şükürler olsun rehberlerim beni duydu," diyordu.

O gün ikimiz de sanki anlaşmış gibi aynı tonlarda kırmızı ve bordo renklerinde giyinmiştik. Biz tesadüflerin ötesinde bir gün yaşıyorduk. Aslında kendisi de bunun biraz farklı bir rastlaşma olduğunun farkındaydı. Sadece aşırı heyecanından dolayı üzerine o anlık fazla düşünemiyordu.

Terapimize ilk olarak nefes egzersizleri ile dingin zihin faaliyetlerini oluşturmakla başladım. Ardından enerji beden ve katmanlarını temizleyip dengelemek üzere ben seansa henüz yeni başlamıştım ki pandülüme mide ve de bağırsaklarında yanlış giden bir şey var sinyali çok hızlı geldi. Bir yandan enerji beden katmanlarını inceliyor, her alanına girerek psişik aktarımlarımı kullanıp vücudunun Hz. dalgasını ayarlamaya gayret ediyordum.

(Beş enerji beden katmanımız; fizik beden, eterik beden, duygusal beden, zihinsel beden ve astral bedenden oluşmaktadır.)

Midesinde ve bağırsaklarında takılı kalmıştım. Öyle ki neredeyse ölü bir insanda nasıl tek bir can kıpırtısı olmaz, bu bölgesi o derece tıkalı ve enerji işlevi ile titreşimi neredeyse yok denecek gibiydi. Ellerimi yavaşça göbek deliğinin üzerine koydum ve enerji aktivasyonuna başladım. Dokunduğum ten ölü beden dokusundan farksızdı!

Midesinde reflü, bağırsaklarında ise aşırı gaz ile şişkinlik vardı. Bu durumun ne kadar yoğunlukta olduğunu ve de durumundan iyice emin olup teyit almak için, "Bu sorunları yaşıyor musunuz Berfin Hanım?" diye kendisine sordum.

Berfin Hanım: Evet, oldukça sık hatta midem bu aralar daha da azıttı ve son bir haftadır bağırsaklarımda aşırı bir gaz oluştu, bunu nasıl anladınız?

Ben cevabımı almıştım, üstelik yanılmadığımı anlamıştım. Bir yandan da seansımıza ve enerji beden katmanlarında gezinmeye devam ediyordum. Daha neler var görmek için psişik bağı da kurup bir olmuştum kendisinin enerji bedeniyle. Sezgisel ve bütüncül ne varsa kullanıyordum. Artık zihnindeydim! O an kalp atışıma kadar yansıyan duyguları ve tüm iliklerine işlemiş bu kırgınlığı hangi travmaya aittir diye tıkanık olan alanını arıyordum.

Ve aradan aşağı yukarı on dakika kadar geçmişti ki bulduğum o şey beynimin zembereğini koparmış, ruhumu uçurumların en dipsiz kuyularına savurmuştu! Dilim dilime dolanarak biraz da duyacaklarımdan korkarak sordum. Kim bilir belki de bu defa ben yanılıyorumdur. Fakat bulduğum nokta kanı çekilen cansız bir ten dokusuydu ve bu durumun açılımı çok defa başka danışanlarımda yaşamıştım. Biliyordum alacağım cevabı…

"Berfin Hanım, ben bir taciz görüyorum burada, nedir bu durum, anlatmak ister misiniz?" dediğim an ağlamaya, kendi sesinde boğulmaya ve bir yandan da yılladır bunu susmuş olmanın verdiği otomatik bir davranışla dudaklarını ısırmaya başladı.

Berfin Hanım: Biliyordum size gelince bunu bileceğinizi ve bu durumumu göreceğinizi. Babam!

Sustuk biraz. Ağladı sessizce. O sessizlikte kulak zarım inliyordu benim. Yanlış duymayı tercih ederdim ama seansa devam etmem gerekliydi. Sakince sorularım devam etmeye ve seansımızı en verimli şekilde yönetmeye gayret ediyordum. Biraz o konuyu dağıtıp zihnini küçük bir oyunla başka yöne çektim. Ardından hafif trans hâline gelince şu an bulunduğu ortamda gördüğü biri var mı diye bir soru daha sordum.

Berfin Hanım: Var.

Kevser Demet: Kimi gördüğünüzü paylaşabilir misiniz benimle?

Berfin Hanım: Yüzü dönük. Yüzünü göremiyorum.

Kevser Demet: Lütfen önüne gider ve bakar mısın? O kim?

Berfin Hanım: Amcam bu galiba.

Kevser Demet: Amcanız sağ mı? Ölü mü?

Berfin Hanım: Öldü!

"Bir şeyler söylemek ister misin amcana?" dediğimde hıçkırıklarını yutkunarak, "Neden yardım etmedin bana amca? Neden kurtarmadın?" diye yeniden içli içli ağlamaya başladı.

"Bana anlatmak ister misin?" diye tekrar sordum.

Ve devam ettim. "Yıllarca içinde büyüttüğün o haklı öfkeni, itilmişliğini, ezilmiş, kırgın ruhunu, örselenmiş bedenini sana dair her şeyi ve hepsini dinlemeye hazırım. Anlatmak istemezsen bunu anlarım. Ama bilin ki siz anlatmasanız da hissettiklerim ve duru görümde sadece cümleye dökülmemiş yeryüzünün görmediği derin kara bir kuyu var. Sizi gerçekten anlıyorum."

Yine biraz sustuk…

Göz kapaklarını sımsıkı sıktı. Önce dudaklarını biraz kemirip sonrasında başladı anlatmaya…

Berfin Hanım: Artık içimde tutmaktan yoruldum Kevser Hanım. Anlatacağım her şeyi size!

Babam ben doğduğum zaman cezaevindeymiş. Sekiz yıl yani sekiz yaşıma kadar bana ve anneme amcamlar baktı. Annem ahrazdır yani sağır ve dilsiz. Sadece işaret dili ile iletişim kurabilir. Sizin kitabınızı okuyunca sanki beni yazmışsınız gibi her sayfasında ağladım ve beni sizin anlayacağınızı, yardım edeceğinizi o an anladım. Kendimi size çok yakın buldum. Ben de sizin gibi haziran doğumluyum ve beni de ailem hiçbir zaman sevmedi. Bu yüzden her satırınızda sizinle sarılmayı talep ettim. Biraz dağınık anlatıyorum hoş görün beni çünkü nerden, nasıl başlayacağımı bilmiyorum açıkçası.

Kevser Demet: Kolay mı bunca yıllık içinde saklanan cümlelerin kolayca dışarı atılması? Ben dinliyor ve anlıyorum, lütfen rahat olun. Nasıl isterseniz öyle anlatın.

Berfin: Sağ olun Kevser Hanım. Hâlbuki annem altı yıl dua etmiş kızım olsun diye ve sonunda da olmuşum fakat hiç sevilmedim. Hatta uğursuz ilan edildim. Ben de doğduğum evde istenmeyen evlattım tıpkı sizin gibi. Çekmediğim kalmadı. Dışlandıkça ötekileştim ve kendimi hep değersiz hissettim. Sanki dünyada tek fazlalık bendim...

Koca dünyanın tüm sabrını ben bitirmiş gibiydim. Damlayan son damla bendim ve insanlar benim yüzümden tsunami olmuş da taşmış gibi hissediyordum. Bu duygudan ve istenmemenin ezilmişliğinden hâlen öz güven sorunu yaşıyorum. O duygusal açığım da başka bir boyutum oldu zaten. Düşünsenize bir koltuğu doldurarak oturamam mesela. Hiçbir yere ait hissetmediğimden kendimi, koltuğun bile ucuna otururum! Bunun farkındayım, doldurarak oturmayı denediğimde ise rahat edemiyorum. Oysa beni görenler ne kadar pozitif bir insan olduğumu söyler. E öyleyim de...

Ben asla vazgeçmedim ne hayattan ne de yaşamaktan. Aslında babam cezaevinden çıkana kadar her şey normaldi. Hayatım bir gün içinde değişti. Sanki zaman tünelinden geçtim.

Anlatayım size nasıl başladı olaylar...

Günlerden bir gün okuldan eve geldim ve babam amcamların bahçesinde yere çömelmiş sigara içiyordu. Esmer, ince uzun boylu, kavruk suratlı bir adamdı. Daha önce hiç görmediğim için tanımadım doğal olarak. "Bu kim?" dedim. "O senin baban," dediler. "Çok çirkinmiş," dedim ve babam buna çok bozuldu. Sonra bizi kendi evimize götürdü. İşte her şey o günden sonra başlamış oldu hayatımda!

İlk olarak dayak ve sözlü şiddet ile başladı babamla tanışma sürecimiz. Babam bana dayağın yanı sıra zorla sigara içirmeye de başladı. Sonra çok sürmedi arası işkencesi daha çeşitlilik kazanmaya başlamıştı, rakı içmem için de baskı yapıyor, zoraki yudumlatıyordu. Anlayacağınız her fırsatta ya dayak atardı ya da küfür dolu sözlerine maruz kalırdım. Ve artık her geçen gün daha bir çekilmez hâle geldi bu durum. Biri elinde silgi ile gelip sanki hayatın tüm renklerini silip gitmişti.

Dediği herhangi bir şeye itiraz edersem öldüresiye dayak yiyordum. Şiddet evimizde artarak her geçen gün yükseliyordu ve babam kara bir kader yazmaya başlamıştı alnımızla birlikte mıh gibi hafızalarımıza. Babam annemi de çok dövüyordu, annem ise dayaktan bitkin düşünce ben kalıyordum eline.

Rakı masası kurdurtmaya daha o yaşlarda başladı bana. Sonra zoraki o masaya oturtulurdum. Zilzurna olana dek içerdi ve ardından bir gece beni kucağına oturtup ufak dokunuşlarda bulundu. Önceleri minik ama bedenime dev gibi gelen bu duygu, ilk olarak elle tacizle başladı. Henüz büyümemiş göğüslerimi elliyordu babam ve ben çok korkuyordum. Ardından mahrem yerlerime de çok sürmedi dokunmaya başlaması. Ve hep o anlar da, "Babalar böyle sever," diyordu. Leş kokan nefesini kulağıma dayayarak bu cümleyi kaç bin defa söyledi bir bilseniz... Annem ise dayağın etkiyle diğer odada yarı baygın yattığından ve de zaten sağır, dilsiz oluşundan hiçbir şey duymuyordu.

Bir gün kimse yoktu evde ve yine işkence gibi saatler başlamıştı. Konuşmalarından, tavrından anlıyordum az sonra başıma geleceklerin ne olduğunu ve kaçacak delik arıyordum. Annemi de önden dayakla bayıltırcasına dövüp yatılı olarak bir zenginin evine gündeliğe yollayarak etkisiz hâle getirmişti. Babamın tacizleri artarak en kötü boyuta doğru gidiyordu ve ben babalar öyle sever, babalar böyle yapar diyen babama inanmaya başladım. Çünkü babam bana bütün babaların kızlarını böyle sevdiğini söylüyordu, benimde inanmaktan başka seçeneğim yoktu. Diğer kız çocuklarının da bunu yaşadığını ve kimseye söylemediğini sanıyordum! Ne acı o hâlde bile babama inanıyordum.

Minicik bedenime salyalarını akıtıp abanarak sarılıyor ve abandıkça ben korkudan tüm duygularımı kilitleyip hissetmemeye odaklanıyordum. Babamın bu durumu çok sürmedi, sadece taciz değil zorla tecavüz etmeye de başlamıştı! Bu durum sekiz yaşımdan on iki yaşıma kadar her geçen gün artarak sürdü.

Şimdi bunca zaman hiç mi biri görmedi diyeceksiniz siz! Evet, gören oldu. Amcam bir defa gördü aslında babamı üzerimdeyken ve "Kurtar beni," dedim fakat yönünü dönüp görmezden geldi. Neymiş efendim, bu durum duyulursa itibarları ne olurmuş? Namus belasıymış! En büyük namussuzluk benim bedenime öz ve öz babam tarafından yapılıyorken hangi namustu bu? Babam ise bunu birine anlatırsam beni boğazlayıp köyün boklu deresine atacağını söylüyordu.

Psikolojik bir travmanın içerisindeydim. Çok korkuyordum. Zihnimde açılan oyukların cinneti, bedenimde oluşan morlukların acısı, duygularımı uyuşturmuştu. Düşünemiyordum. Çiçekli bahçelerim babamın aniden hayatımıza gelişi ile yerle yeksan olmuştu.

Ardından aşırı zayıf bir çocukken aniden vücudum ilginç derecede şişmeye, gelişmeye başladı. Çok hızlı bir şekilde koca kadın fiziğine dönmüştü bedenim. Bu beden bende eğreti duruyordu, bana ait değildi. Durumum ise ilk olarak öğretmenim Mustafa Bey tarafından fark edildi ve beni takibe aldı. Bana sorular soruyordu, tek cümle alamıyordu çünkü korkumdan ağzımı açmıyordum. Sonra teneffüse çıkmayışım, sürekli korkak ve ürkek oluşum derslerdeki üstün başarımdan eser kalmayışı iyice dikkatini çekti ve ısrar etti bana, "Sana kim, ne yapıyor lütfen söyle," diye yalvardı. Tek kelime etmedim. Söylemedim, söyleyemezdim. Zira babam beni keser, boklu dereye atardı. Hâlbuki yaşadığım şey daha korkunçken ben bu tehditten nedense çocuk aklımla daha çok korkuyordum. Yaşadığım kâbustan daha büyük kâbusları tanımak düşüncesi belki de beni bu denli ele geçirmişti. Bilmiyorum…

Aradan zaman geçtikçe babam beni okula da yollamak istemez oldu ve artık düzenli gitmiyordum. Okul demek babam için kocaman bir tehdit demekti. Hatta okul önlüğümün cebine gizlice sigara paketi yerleştirip beni kötü öğrenci gibi gösterme çabaları da cabasıydı. Yine bir gün bir kenara sinmiş ağlarken öğretmenim Mustafa Bey gördü, ne kadar soru sorduysa sustum ve sadece gözyaşlarıma hâkim olamıyor, deli gibi sessizce ağlıyordum. Beni sakinleştirmek ve ikna etmek için elinden geleni yapıyordu. Bu arada teneffüs bitmiş, ders zili çalıyordu. Gözüme bakıp yere diz çöktü, "Öğretmenler odasına gidelim hadi zaten bütün öğretmenler de derse gider şimdi," diyerek beni elimden tutup götürdü.

Hem utanıyordum hem korkuyordum. "Yavrum ne olur derdini söyle, vardır yolu, yardımcı olmak istiyorum," diye yalvarıyordu. Sarıldı, bastı bağrına ve o an tüm bedenim başka bir yangına, başka bir duyguya sürüklenmişti! İşte o an ruhum bunun sevgi dolu ve ne kadar da saf şefkatli bir sarılma olduğunu hissetti.

Oysa babam sarılınca mideme kramplar giriyordu. Boynuma salyaları akıyordu. Dilim çözülüp aniden ve bağıra bağıra, "BABALAR KIZLARINI SEVMESİN!" diye haykırdım...

"BABALAR KIZLARINI SEVMESİN...

BABALAR KIZLARINA SARILMASIN...

BABALAR KIZLARINI ÖPMESİN!"

Sanki bir yanardağın patlaması gibi delice içimdeki lavları bağıra bağıra dışarı püskürtüyordum. Sesimin yettiğince bağırarak yapıyorum bunu. Yorgun düşene kadar da bu şekilde bağırdım ve tekrar tekrar aynı cümleyi kaç defa söyledim bilmiyorum. Mustafa öğretmenimin göğsüne vura vura sesim kısılana kadar da bunu sürdürdüm. Asla bana müdahale edip susturmadı. Sabırla bekledi içimin boşalmasını. Yangınımın sönmesini.

Kendisi de şoke olmuştu zaten. Bakışları dehşet doluydu. Artık anlamıştı her şeyi. Yere oturdu, ellerini dizinde ovuşturarak, hıçkırarak o da ağlamaya başladı. Gözleri kan çanağı gibi kıpkırmızıydı. Ben elimi omuzuna koyup, "Özür dilerim sizi üzmek istemedim, istemeden size vurdum," dedim.

Mustafa Öğretmen: Ben özür dilerim asıl ben özür dilerim, bunu neden daha önce anlayıp sana yardım edemedim?

Koca adam karşımda minicik kalmış ve hüngür hüngür ağlıyordu.

"Sizin de kızınız var mı?" diye bir soru sordum çekinerek. Bir yandan elimin tersiyle gözyaşımı siliyor, yüzümü temizliyordum.

"Babam, babalar kızlarını böyle sever diyor da... Öğretmenim siz de kızınızı babam gibi mi seviyorsunuz?"

Mustafa öğretmen hayatının en zorlu sınavını o oda da benim sorumla veriyordu adeta. Adam öyle şok içindeydi ki çocuk hâlimle bile ben bunu görebiliyordum. Zor bela ayağa kalktı boğuk sesiyle de zoraki konuştuğu aşırı belliydi.

Mustafa Öğretmen: Bak kızım, bana her şeyi anlatmanı istiyorum çünkü sana yardım edebilirim. O cehennemden seni kurtarabilirim. Şimdi ne yaşıyorsun, sana neler yapılıyor tek tek anlatmanı istiyorum.

Sakinlemiştim, sesim titrek ve biraz da korkan bir tonla öğretmenime her şeyi anlattım! Akşamları babamın annemi bayıltana kadar dövdüğünü, annemi etkisiz hâle getirince de bana yaptıklarını birer birer anlattım. Deh şet içerisinde anlattıklarımı bölmeden dinliyordu. Adam karşımda resmen acıdan iki büklüm olmuştu. Bir öğretmen bu kadar üzülüyorsa demek babalar böyle sevmez diye de aklımdan geçiriyordum. Anlıyordum. Anlamaya başlamıştım. "Seni o evden kurtaracağım," diye bana öyle bir sarıldı ki bir yandan da hıçkırarak ikimiz de yeniden ağlamaya başladık...

Babam artık haftada sadece bir gün okula yolluyordu beni. Fakat öğretmenim asla bu işin peşini bırakmamış, eve kadar gelip, "Bu kızı yollamıyor oluşunuz bir suç," diye babamla konuşmaya çalışmıştı. Ama nafile. Babam yollamıyordu, öğretmenim de pes etmiyordu. Bir gün polislerle geldi öğretmenim ve hatta köyün ileri gelenlerine yardımcı olmaları için durumun tecavüz yanını saklayarak bana destek olmalarını istemiş. Canım öğretmenim, babamın zihnime açtığı oyukları yardım edebilme çabasıyla sarmaya çalışıyordu. Babamın onursuzca bedenime sahip olmasının yanında öğretmenimin benim incinmemem için durumumu hassas bir şekilde saklıyor olması ayak tırnağımdan başlayıp tepeme kadar yakıyordu bedenimi. Aldığım nefes artık ciğerlerime yetmiyor, az geliyordu.

Ankara'da yatılı bir okula yerleştirmeye çalıştı o dönemler öğretmenim beni ve bunun için çok savaştı. Gerek okul olsun ve gerek bütçe, tüm bunları en ince ayrıntısına kadar ayarlamıştı. Ne çok savaş verdi benim için. Burs verecek zengin aileler ile iletişime geçip rahat bir öğrencilik geçireceğim okul hayatının tüm fizibilitesini yapmıştı. Beni kurtarmak adına ne varsa hepsi için savaşan o koca yüreği bedenine sığmayan yüce bir insandı kendisi. Sırtıma şefkatten bir el, kırgınlıklarımda nefes, yorgunluklarımda dinlendiğim biriydi. Her yarama ve her yerime bıkmadan, usanmadan merhem süren bir hekim gibiydi. Tabi babam bir şekilde ne yaptı ne etti yine mani oldu bu duruma.

Sonra çok sürmedi mahallemizdeki Güllü Ana da anladı aynı zamanlarda benim içinde olduğum durumu. Güllü Ana tıpkı sizin Ruhsal Haritam 1 kitabınızdaki Hikmet Ağabeyiniz gibi o da benim yeryüzü meleğimdi. Adına mahallece Güllü Ana derdik, aşırı harbiydi, üstelik hükümet gibi bir kadındı. Resmen yürüdüğü yoldan ses gelirdi. Bir gün beni yolda görünce tuttu kolumdan, "Gel banyo sobasını yaktım, seni de yıkayayım yavrum," dedi. "Yok, Güllü Ana temizim ben, bak bit bile yok saçımda," dedim.

Aşırı fakirdik biz Kevser Hanım, parasızlık, sefalet diz boyuydu. Çok perişan hâldeydik. Banyo bile yapamazdık. Ondan bit bile yok dedim o zamanlar. Kadın zorla beni götürdü evine, amacını biliyorum, vücuduma bakacak çünkü o da şüphelendi. Neyse, fazla kaçamadım elinden o gün beni hem yıkadı hem ağladı. Babam her tecavüzü sonrası aşırı döverdi beni. Şimdi düşünüyorum da acaba hamile kalmayayım diye mi o denli döverdi? Vücudum morluklar içerisinde, dayaktan çürümüş ve kemik yapısı artık bozulmaya başlamış bir yapıdaydı. Bu hâlini gören Güllü Anam tek kelime etmeden her şeyi anlamıştı. Ağlayarak hıçkırıklarımız birbirine karışıyorken banyoda sessiz çığlıklarımız yankılanıp duvarları inletiyordu adeta...

Zaman içerisinde Güllü Ana ile öğretmenim durumuma el koydu, babam ise artık beni kapı dışarı çıkarmıyordu. Bir gün bir fırsat bulup şansım da yaver gitti, kaçtım evden. Direkt okula sığındım. Başka kimim vardı gideceğim ki? Ve öğretmenim beni o gün gururum incinmesin diye bir bavula koyup kim olduğumu belli etmeden gizlice kadın doğum evine götürdü! Rapor lazımdı çünkü. Aksi hâlde delilimiz yoktu ve yaşım küçük diye teslim ediliyordum tekrardan babama.

Kızlık zarının ne olduğunu o gün duydum ve ne olduğunu o gün çocuk bedenimle kadın doğum evinde öğrendim. Babalar böyle sevmezmiş, benim babam bana hep yalan demiş...

"Kızlık zarında yırtılma var," dediler! Rapor yazılıyorken bizzat kulaklarımla duydum.

Baba. Hani babalar böyle severdi?

Kızlık zarımdaki yırtığı, ruhumdaki derin oyukları, hangi özür, hangi pişmanlık, hangi bahane geri temize çeker şimdi?

Ölüyorum. Nefesim neden ciğerlerime dolmuyor? Bedenimde çırpınan kalp neden göğüs kafesimi deliyor?

Damarlarımda dolaşan bu kan her zerreme neden alev topu gibi değiyor?

Söyle baba, söylese bana. Telafisi olmayan bu duyguyu şimdi hangi cümle, hangi özür temize çekebilir?

Beni bir süre bu olaylardan sonra Güllü Ana ile Mustafa öğretmenim sakladılar. Anneme bile yerimi söylemediler. Babama asla vermediler. Hayatımın en konforlu, en rahat ve en güvenli ortamında hissediyordum onların yanındayken kendimi. Ama ruhuma işlenmiş bir korkuyla sürekli olarak yaşadıklarımın tedirginliğini yaşıyordum. Bedenen o an rahat ve güvendeydim fakat zihnen tetikteydim. Yatağımda huzurla uyuyabilirdim ama ben uyuyamıyordum.

Ben on bir yaşında eve zoraki mahkûm olan koca bir kadın olmuştum...

Sokakta oyun oynayan çocukların şen kahkahalarını perde ardından gizlice izliyordum!

Onlar ile akrandım ve onlar çocuksa ben neydim?

Mahkûm edilmiş bir suçlu gibi hapsedilen neden bendim? Neden? Neden? Neden?

Daha bir dolu sorular vardı cevabını bilmediğim. Bunlar sadece şu an size anlatırken aklıma gelenler.

Bir gün perdelerin ardından yine sokakta oyun oynayan çocukları izliyordum. Uzaktan koşarak Ömer, Mustafa öğretmenimin evine doğru geliyordu. Kapıyı çaldı, nefes nefese elini kapıya koyup biraz öne eğilerek nefes almaya çalıştı. Ben hâlen saklandığım yerden kımıldamıyordum fakat bir şeyler olmuştu, bunu da çok merak ediyordum. Olduğum yerden gizlice kapıyı dikizliyordum. Öğretmenim kapıyı açtı ve Ömer, telaşlı telaşlı kekeme olan aksanı ile bir şeyler anlatıyordu ve ben anlamaya ne kadar odaklansam da anlattıklarından hiçbir şey anlamıyordum. Merak içerisinde bekliyordum, kalbim resmen ağzımdan dışarı fırlamak üzereydi. Ne olmuş olabilirdi? Babam yerimi mi öğrenmişti? Nefesimi tutmuş bekliyordum ve meraktan ölüp ölüp dirildiğim anlardan biri de o gündür diyebilirim. Ömer, öğretmenime babamın hasta olduğu haberini getirmiş. Babamı hastaneye kaldırmışlar. İleri seviye kansermiş, öyle duyulmuş tüm mahallede. İnsan babasının hastalığına sevinir mi? Ben o gün bayram etmiştim.

Ölür o çok sürmez diyorlardı ama ben ölse de uyanır geri gelir o diye söylüyordum. Babam o kadar kötü biriydi ki ölüm ona işlemez diye düşünüyordum. Çok da sürmedi, aşırı derecede hızlı bir süreçle de gerçekten öldü. Cenazeye korka korka dâhil oldum. Ya uyanır da kolumdan yakalarsa!

Defin işlemleri yapılırken de bizzat gömülme sırasında gözümü kırpmadan izledim. Sahiden cansız mı diye. Sürekli olarak bakıyorum ya uyanırsa diye korkuyorum. Başın sağ olsun diyen herkese, "Artık gelmez değil mi? Artık hiç uyanamaz," diye tekrar tekrar kendimce teyit ediyorum. Defin işlemleri sürerken dibine kadar gittim, üzerine toprak attılar, tahtaları dizdiler ve ben tekrardan amcama sordum, "Artık asla eve gelemez değil mi?" diye. "Yok," dedi ama benim içim rahat etmiyordu, her an ya uyanırsa diye korkuyordum. Öyle ya eve gidince akşam gelirse...

Uzun yıllar evde asla tek kalamadım, bir odadan bir odaya geçemedim ve hep panik hâlindeydim. Bu yıllar sürdü unutamadım! Ya gelirse...

Babam ölmüştü ve öğretmenim benden asla vazgeçmemişti. Bana yeniden burs ayarlamış, "Seni Ankara'ya yollayacağım, git ve hayatını kurtar," demişti. Kader bu ya tam da o aralar annem de akciğer kanseri oldu. Babamın eziyeti, dayağı yalnız bana değildi, annem de çok çekti. Ee ben eli, ayağı, diliydim annemin nasıl bırakıp gidecektim ki? Gitmedim. Gidemezdim. Annemin uzunca zaman tedavileri hastanede sürdü. Yapacak bir şey kalmayınca artık eve getirdik. Çünkü tıbben yapılacaklar da bitmişti. Evde elimden geldiği kadar rahat ettirmeye çalışıyordum. Bebek gibi bakıyordum anneme. Hayat beni öyle sınav ediyordu ki daha ergen bile olmadan koca kadın olmuştum. Hayatın her rengi bana sadece siyah tonlarda yansıyordu. Ne hayatıma devam edebiliyordum ne de başımda ailem diyeceğim insanlar vardı. Tek başınalığın verdiği çaresizlik, annemin ölüm döşeğinde olması ve daha babamın ruhumda açtığı travmalarını saramadan yeni bir depresyona itmişti bu durum beni. Çok amaçsız, aşırıda yorgundum...

Bir gün ev işi, hasta bakımı derken yorgun düşmüşüm, sobanın orada yatıyorum. Yarı uyanık yarı uyku hâlimdeyim. Burnuma anlatamayacağım güzellikte kokular geliyordu ve gözümü bir açtım, gökyüzünden bu harika kokular ile sizin konsey dediğiniz şey aşağıya doğru annemin başına ışık huzmesi hâlinde iniyordu. Baş melek Azrail de indi ve ben o an anladım annemi almaya geldiklerini. Tıpkı sizin kitabınızda dediğiniz gibi ölümün kokusunu o gün ben de duydum. Konseyi gördüm. Azrail'i gördüm. Her kemiğim ayrı yanıyordu acıdan ve annemin de gidecek olma duygusundandı bunlar biliyorum. Tüm damarlarım patlamış, her zerrem dağılmış gibi elim kolum kalkmıyordu. Öyle bir ağlıyordum ki annemi almaya geldiler diye kendime de gözyaşlarıma da hâkim olamıyordum.

Aniden anneme tuhaf şekilde can gelmişti o an, iyileşme hâline büründü. Ve işaret diliyle beni yanına çağırıp anlatmaya başladı.

"Yetmedi mi çektiğin? Bırak beni, sen ağlıyorsun diye götüremiyorlar. Geçiş yapacağım yeri bana gösterdiler ve o yer çok rahat, çok güzel, beni merak etme.

Zaten sağ ciğerimdeki tümör portakal kadar sol ciğerim ise mandalina büyüklüğünde, gidersem rahat edeceğim acılarım dinecek, bırak beni yavrum gideyim.

Artık hayatını kur, sen de buralardan git, kimseye deme gittiğin yeri. Bana gösteriyorlar benim de gideceğim yer çok güzel ve huzur dolu, ben de yoruldum yavrum lütfen ağlama ve beni bırak ki alsınlar. Korkmuyorum gitmekten. Hazırım, sen ağlıyorsun diye götüremiyorlar beni."

"Peki," dedim, öptüm, vedalaştım. Helallik aldım... Ve gitti...

Berfin Hanım bu olayları anlatırken her anını işaret dili ile de vücut dilini kullanarak gözlerinden durmadan akan gözyaşlarıyla anlatıp resmen o anı yaşattı bana. Ona sıkıca sarıldım, "Ben varım artık, sana kardeş verildim," dedim. Biraz sarılıp öylece kaldık. Sustuk.

İyikiler dilinden düşmüyordu. Benim de canıma yapışmış bir ruh olarak ailem bilmiştim artık ve iki can olarak ayrılmıştık seans odasından.

Benim odama geçtik ve çayları tazeledim. 17.30'a kadar sohbet edcrek kullanmıştık geri kalan vaktimizi. Ve benim başka bir yere saat 18.00'da randevum vardı, onu da geçerken metrobüse bırakma teklifinde bulundum. "Olur," dedi. İkimiz de susuyorduk arabada.

Sessizliği bozmak için, "Nasılsın, daha iyi misin?" dedim ve elimi dizine koydum.

"Mutluyum, aşırı bir huzur var artık ruhumda ve arındığımı hissediyorum. Sanki yüklerimden kurtuldum."

Berfin Hanımı ilk kurduğum ofisime çıkan yolu kullanarak metrobüsün ilk durağına götürdüm ve Mavizihin'in doğduğu ofisimi gösterdim. Aslında amacım Kavacık'tan gelen bu ruhu ilk durağa götürerek oturmuş olarak seyahatini gerçekleştirmesini sağlamaktı. Ondan dolayı da,

"Gel sana ilk kurduğum ofisimi göstereyim," diyerek o yolu kullanıp ilk durağa götürdüm. Zira seans ve yeniden eskiye dönüşler onu yormuştu. Kıyamazdım. Yorulmamalıydı daha fazla. Kâfi derece zaten yorulmuştu.

Seanstan sonra verdiğim derslerini, ödev dediğim minik görevlerini ve yapacaklarını tek tek teyit ettikten sonra da ayrıldık. Artık saat 18.00'da olan randevumu iptal edip, arabayı tenha bir kenara çekip bağıra bağıra içimdeki öfkeyi akıtarak ağlamak istiyordum. Canıma, iliklerime, her zerreme dokundu bu seans benim... Yazarken dahi ellerim titriyor hâlen...

Berfin Hanım ile arada mesajlaşıyorduk, nadiren de telefonda konuşuyorduk. Ara seansa gelmeyi istediğini söylüyordu, aradan dört beş ay geçmişti ama bu defa da kendisinin özel işlerinin yoğunluğu ve benim iş yerimin uzak oluşu buna engel oluyordu. Ama biz arkadaşlığımıza devam ediyorduk. Her daim iletişim içerisinde kalma gayretimiz mesafeleri önemsiz kılıyordu. Bir gün telefonda konuşuyorken ona, seans sonrası ilk olarak hayatında neyin dönüştüğünü sordum.

"Hayatımın aşkını buldum Kevser Hanım. Aşkı buldum, daha ne olsun? Ruhum mutlu, ben huzurluyum."

Cevabını duyduğumda aşırı sevinç doldum. Sonsuz mutluluk ile çokça sevgi diledim ve masallarının bir ömür sürmesi için dua ettim. Zira ruhunun en çok da koşulsuzca sevilmeye ihtiyacı vardı. Mutluluğu sesine yansıyordu. Kim bilir yüzünden nasıl gülücük olup taşıyordur bu mutluluk diye düşünüyordum...

O dönemlerde hem danışanlarımdan hem okuyucularımdan sürekli olarak buluşup kahve içme teklifi alıyordum. Her defasında geri çevirmek ve bu güzel insanlar ile ayrı ayrı buluşmaya zamanımın yetmeyişi beni çok mutsuz ediyordu. Ev, iş, çocuk derken özel zamanım oldukça azdı ve bu teklifleri sürekli olarak çeviriyor olmak moralimi bozuyor ve kendimi onları reddediyorum psikolojisine sokmuştum. Aklıma neden topluca bir buluşma etkinliği yapmayayım diye aniden parlak bir fikir geldi. İlk olarak her sabah spor yapmaya indiğim Albatros sahilindeki restoranlar geldi. Öyle ya mevsim yazdı, şahane bir kahvaltı etkinliği yaparak hepsi ile aynı anda görüşmeye fırsat yaratabilirdim. Üstelik bunu bir pazar sabahına denk getirip hepimize de kolaylık sağlayabilirdim.

İlk olarak sosyal medya ağlarımdan bunu duyurup gözlem yaptım. Oldukça çok kişi katılmak üzere adını yazdırdı. Katılım tahminimi aştığından kırk beş kişiye çıktığı an duyuruyu kapattım. Çünkü aksi hâlde yine kişilere zaman ayıramayacaktım. Niyetim tek tek sarılıp özel olarak sohbet etmeye olanak oluşturmaktı. 24 Ağustos Pazar günü kahvaltı etkinliğimizi sahilde benim önceden ayarladığım bir mekânda gerçekleştirdik. O gün elimden geldiği kadar her misafirimle tek tek sarılıp kucaklaştım. Danışanlarım, okuyucularım, takipçilerim ve sadece duyup gelen derken bir dolu yeni yürek tanıdım. 45 kişinin değerler tablosunu minik bir jest olsun diye her kişiye üç dakika ayarlayarak bire bir yorumlamaya gayret ettim. Şahane yürekler ile tanıştım ve varlıklarından haberdar oldum bu etkinlik sayesinde. Misafirlerimin arasında ilk kitabım Ruhsal Haritam Tohumdan Çatlamak kitabının kahramanlarından da katılımcılarım vardı.

Bu kahvaltı sayesinde Berfin Hanım ile de yeniden görüşme imkânımız oluşmuştu. Kendisi de hafta sonu olduğundan katılım gösterebilmişti. Pazar gününe getirmedeki niyetim bütün görüşmek isteyenlerin kolaylıkla gelebilmesini sağlamaktı. Kocaman kocaman sarıldık Berfin Hanım ile de ve bol bol hasret giderdik. Gerçekten çok mutlu ve enerjisi sıcaktı o gün. Sürekli olarak göz kontağı içerisindeydik. "Ne iyi ettin böyle bir şekilde bizi buluşturarak," diyordu. Bütün misafirlerimin resmen bedeninden, gözünden ışık fışkırıyordu. Şöyle bir bize baktım ve sanki gökyüzünden üzerimize enerji yağıyordu. Çok şükür dedim içimden. Çok şükür bizi bize denk getirene.

Sabah saat 10.00'dan ikindi 17.00'a kadar bu buluşma etkinliğimiz sürdü. Tek tek yine sarılıp vedalaştım bütün misafirlerimle. Berfin Hanım ile vedalaşırken en kısa zamanda âşık olduğu adamı benimle tanıştırmak istediğini söyledi. Ben de bundan büyük memnuniyet duyacağımı söyledim. Ofisime davet ettim. En uygun zamanda görüşmeyi ayarlayalım diye sözleşip o günlük ayrıldık.

Benim yoğunluğum Berfin Hanım'ın temposu derken biz bir türlü birbirimize uygun zaman dilimlerinde denk düşemiyorduk. Ya benim işim oluyordu o müsait olunca ya da ben uygun oluyordum kendisi olamıyordu. Bu durumun baktık olacağı yok, fazla tutunmadık, kasmadık, zoraki bir buluşma oluşturmadık. Demek ki hayrımıza şimdi değil diyerek erteledik.

Aradan bayağı zaman geçmişti biz en son ağustos ayında o kahvaltı etkinliğinde yüz yüze görüşebilmiştik. Benim Instagram sayfamda paylaştığım bir post üzerine mesajdan yorumu düşünce konuşmaya başladık. Havadan sudan konuştuk biraz ve nasılsın diye sorduğumda ameliyat olduğunu yazdı. Daha mesajın sonunu okumadan direkt arama tuşuna bastım. Aylardan da kasım idi ve ben hep kasım ayına dert ayı derim. Direkt açtı ilk çaldığında telefonu.

Berfin Hanım: Alo şahanem nasılsın?

Sesi sönüktü ama hâlen bana enerji dolu yansıyarak şahanemler diyerek motivasyonunu yansıtıyordu. Ne kadar güçlü nasıl da kendiyle barışıktır bir bilseniz. Asla naza çekmez. Acı eşiği oldukça yüksekti.

Kevser Demet: Beni bırak şimdi gayet iyiyim, ne oldu sana, neden ameliyat oldun onu anlat.

Berfin Hanım: Şahanem, midemi aldılar on gün önce hem de apar topar oldu her şey. Mide ağrısından acile zor gittim ve doktor ahbabımız şüphelenip hemen tetkikleri o an yaptırdı. Maalesef kanser çıktı ve de başında yakaladığından yayılmadan hemen ameliyat ile alındı.

Kevser Demet: Peki, şimdi nasılsın? Ağrın sızın ne durumda, kim bakıyor sana?

Berfin Hanım: Merak etme yengemler bakıyor. Çok ağrım var, bu ağrı ile nasıl hayatıma devam edeceğim onu da bilmiyorum. Doktor ise bu ağrının artık biraz daha küçülüp sonrasında hep benimle olacağını söylüyor. Biliyor musun? On günde tam 12 kg verdim.

Kevser Demet: Ah benim canım Berfinim, çok şifa diliyorum, çok üzüldüm inan. Ama şükür ki en başında fark edilmiş kurtulmuşsun. Peki, şimdi miden nasıl? Normal beslenebiliyor musun?

Berfin Hanım: Evet canım, her şeyi yiyebiliyorum. Yemek borusunu direkt olarak bağırsaklara bağladılar. Sadece ne yesem aşırı derece ağrım oluyor. Bu ağrıya dayanamıyorum inan. Fakat şifalandım belki de. Bunca zaman hazmedemediklerimi midem bu şekilde dışarı attı... Buna da çok şükür. En başında yakalandı yayılmadan.

Benim canım Berfinim nasıl da bana teselli veriyordu. Nasıl güzel bir yüreksin sen, nasıl? Üzerine fazla konuşamadım, aşırı üzülmüştüm.

"Seni fazla yormayayım, lütfen benim yapacağım her ne olursa çekinme, ne olur ara e mi?" diyerek telefonu kapattık. Çok üzgündüm.

Aradan bir hafta bile geçmemişti, en fazla dört gün olmuştu konuşalı, biz tekrar iletişime geçtiğimizde ise bu defa da kolonoskopi çekileceğini, fazla iyi olmadığını söyledi! Doktoru kolonoskopi bakalım demiş...

Ben bu dosyayı yayınevime teslim etmeden tekrar Berfin'in dosyasına son bir göz attığımda bana ilk geldiği zaman seansımızın ilk on dakikasında mide ve bağırsaklara pandülüm takıldı diye ona söylemiş olduğumu okurken yeniden hatırladım. O da sanki sezmiş gibi doyasına son rötuşları attığımı, bunun üzerine mesaj yazdı. Aynı anda aynı şeyi hatırladık! Aynı şey üzerine düşünüyorduk.

Berfin Hanım: Biliyor musun ilk geldiğim zaman sen midem ve bağırsaklarımı söylemiştin bana. Doktor ilk söylediğinde de senin cümlelerin yankılandı kulağımda...

Kevser Demet: Evet canım Berfinim, ben de senin dosyanı gözden geçiriyordum, o bölümü okuyunca hatırladım. İznin olursa bu bölümü de ekleyip teslim edeyim dosyanı.

Berfin Hanım: Yaz şahanem yaz, benden izin sana. İyileşeyim bir ilk iş seninle adalara gitmeye niyet ediyorum.

Kevser Demet: Ne güzel bir teklif bu. Seninle söz anlaşması yapıyor ve ben de bunu evrene sevgiyle not ediyorum...

Bundan sonraki süreçleri Berfin Hanım izin verdiği sürece yazmaya devam edeceğim. Her seansını ve her ayrıntıyı yine sizlerle paylaşacağım...

Sonsuz şifa, iyilik ve ışıkla kalın.

Enerji Beden Katmanları

Fizik Beden: Fizik bedenimiz bütün enerji katmanlarının ev sahibidir. İnsan bilinç olarak geliştirdikçe kendini, enerji katmanları da frekansını yükselterek bu titreşim içerisinde yeni ve geniş bir enerji hareketi başlatır. Fizik beden alanındaki her katman, kendine özgü titreşim frekansıyla enerji hareketini oluşturur. Bu bedenler kendi titreşim ve düzeyinin bilincini taşır. Enerji katmanları birbirinden ayrı değildir. Her biri kendi içinde titreşerek aynı zamanda da bir diğerinin alanında geçerek yayılır. Tıpkı suya atılan bir taş nasıl daireler açarak büyür ve birbirine değmezse aynı onun gibi kendi aralarında bir titreşim dalgasına benzerler. Çakralarımız, enerji katmanlarımız ve fizik bedenimizin gerekli enerji akışı için evrenin sonsuz kaynağından enerji alışverişini sağlayarak bu döngünün beslenmesinde en büyük rolü alırlar. Fizik bedenimiz ve tüm enerji alanındaki katmanlarımız için gerekli olan enerji akışını en uygun frekansa dönüştürürler. Fizik bedenimiz enerji katmanlarımız ve auramız dışında çakralarımız ile de harika bir bütünlük ile titreşirler. Bu bütünlük evrenin kozmik enerji akışında, kendi devinimleri içerisinde, yaşamsal enerjimizi sabit tutarlar. Bu işleyiş muazzam bir akış ve şahane iş birliği içerisinde devam eden bir enerji sarmalıdır.

Eterik Beden: Eterik bedenimiz şekil olarak fiziksel bedenimize benzer. Fizik bedenimizden hemen sonraki katmandır. Gölgemizi düşünün, hemen hemen aynıdır diyebilirim. Sanki fizik bedene giyilmiş geniş elbise gibidir. Eterik bedenin görevi ise evrenden sonsuz kozmik enerjiyi alarak fiziki bedenin enerji alanlarına katalizör olup fizik bedenin yaşamsal kaynağına aracı olmaktır. Bizi hastalıklardan koruyan en güçlü katmanımızdır. Ne kadar sağlıklı olursa kişi, eterik beden de o denli güçlü ve geniş olur. Eğer hasta iseniz o zaman da daralmış ve küçülmüş olur.

Eterik bedeniniz düşünce formlarınızdan en çok etkilenen enerji katmanınızdır. Bu yüzdendir pozitif düşüncenin sağlık üzerinde oluşturduğu o büyük etki. İnsanların ne kadar yaşam dolusunuz dediği durumlar vardır ya, işte o sizin sağlıklı bir eterik bedene sahip olduğunuzun en büyük göstergesidir. Eterik beden sizin yaşam enerjinizin ta kendisidir. Bunların yanı sıra bitkilerin ve hayvanların da eterik bedenleri vardır. Herhangi bir uzvunuz kesilmiş olsa örneğin bacağınız kesildi, kirlian fotoğraflamayla kesilen bacağın olduğu yer fotoğrafladığınızda o yansımayla yine olacaktır ve bütünlüğün asla bozulmadığını göreceksiniz. Kişi hafızasında o bacağın orada olduğu imgesini taze tuttuğu sürece de bu bütünlük asla bozulmayacaktır. Eterik bedeni anlayıp onu tanımak sağlığınız ve de yaşamsal enerjiniz için çok önemli bir katmandır.

Duygusal Beden: Duygusal bedenimiz renk skalası gibidir. Çakralarımızın her rengine sahiptir. Kişinin ruh hâline ve duygu düşünce durumuna göre bu renklerin içinden frekansınıza en uygun olanı duygusal bedene o duygunun rengi olarak yansıtır. Hangi titreşim ile frekans birliği içerisindeyseniz o anki durumunuzun en uygun rengini almaktadır. Duygusal beden eterik bedenden sonra gelen enerji katmanı olarak bulunmaktadır. Üst katmanların oluşturduğu enerji ile duygusal anlamın frekansını belirler ve duygusal bedenin o anki rengini oluşturur. Ardından duygusal süzülmeden geçerek eterik bedene renk ve ruhsal anlamı aktarılır. Örnekle diyelim ki çok mutsuzsanız yahut arabesk bir müziğin hüznüne kapıldıysanız ya da biri kalbinizi kırdıysa işte yansıma tam da o titreşimin frekansına girip bu duyguya göre belirler kendini. O durumda kalıp beklemek yerine bir pop müzikle açıp zoraki bile olsa biraz dans etseniz veya bir dostunuzu arayıp sevginizi tazeleseniz duygusal bedeniniz anında bu duruma geçiş yapar ve renginizi de bu geçişle birlikte yeniler.

Kötü olayları, olumsuz geçmiş anılarını, acılarınızı çok taze tutmamayı ders edinin diyebilirim. Çünkü o frekanstan ayrılmayan beyin duygusal bedene bu ruhsal geçişi aynalar ve rengini yine buna göre yansıtır. Acı anılarınızı yâd etmektense güzel bir gelecek düşlemeyi alışkanlık edinelim.

Düşünceleriniz ve bakış açınız yaşamınız boyunca duygusal bedenin frekansını oluşturur. Bu titreşim ile tüm enerji katmanlarına duygusal yapınız ile alakalı her durumunuz aktarılır ve bilgilendirilir. Varoluş serüveniniz boyunca duygulardaki tüm iniş-çıkışlar, acılarla-sevinçler, duygusal bedeniniz tarafından auranıza yayılarak kendini gösterir. Kişi hangi duygu içerisinde titreşiyorsa, üzüntü ya da sevinç diyelim, bu duyguyu destekleyen her şeyi kendi alanına hızla çekerek o formu oluşturacaktır. Yani kendi rezonans alanını kendi yaydığınız titreşimle belirlediğiniz için bunu değiştirmek yine sizlerin elindedir. Çünkü zihnimiz bütün enerji katmanımızla ortaklık hâlinde eş zamanlı çalışmaktadır. Frekansınız bu şekilde olumlu ya da olumsuz olarak kendi alanını oluşturduğu için kendine benzeyen enerjiler ile denkleşmeler yani birbirine benzeyen frekanslar ile donanacaklardır. Yayılan bu enerji titreşimleri benzeri olan diğer yansımalarıyla kuşkusuz birleşecektir. Hangi frekans ile titreşiyorsak aynısıyla buluşuruz. Eğer farkındalığımızı arttırmadan negatif olarak nötr enerji gibi çoğalırsak kendi kaosumuzu yine kendimiz yaratırız. Etrafınız hangi insan formları ile doluysa kendinizin yansıyan görüntüsü hakkında fikir edinebilirsiniz. Çünkü siz o yansımanın ta kendisisiniz.

Zihinsel Beden: Zihinsel bedenimiz duygusal bedenin hemen bitiminde titreşim frekansında başlamaktadır. Fikirlerimizin düşünce formudur. Bakış açımızla yarattığımız her hastalığın başlama noktasıdır. Fizik bedenimizin kalıplarını ve formlarını bu enerji katmanımızla oluşturmaktayız. Yaşadığımız her iyi ve kötünün enerjiye dönüştüğü ve bize geri geldiği katmandır. Çünkü zihinsel beden düşünce formaları ile frekansa dönüşüp şuur altı titreşimlerini yaymaktadır. Eğer uykuya dalmadan hemen önce alfa modunda bilinçaltının telkine en uygun anında bu durumu yönetebilirsen ve de olumlu şeyler hayal edip güzel fikirler imgelersen hayatını dönüştüreceğin o sihirli kapıyı da bulmuş olursun. Düşündüğün her şey form olur, yol olur ve sana geri gelir. Güzel düşün, güzel yaşa.

Beyin asla şakadan anlamaz diye sıkça okuyorsunuzdur. Bu ne demek diyenler de oldukça çoktur. Bu şu demek, sadece arkadaşına şaka olsun diye ben kanser oldum, acıyın bana, iyi davranın bakın az ömrüm kalmış dediniz var sayalım... İşte beyin burada şakadan anlamadığı için bunu bir komut olarak alır ve hemen kanser olmuş varsayarak bu hücreleri kendi içinde aktifleştirir! Bu durumun güzel yanı ise iyi kullanmayı öğrenerek yine bu yanıltma durumunu en iyi şekilde hayatımıza meç edebilmemizdir. Kendi hastalığını bu gibi bakış açıları ile bile en aza indirmek çoğu zaman mümkündür.

Astral Beden: Astral beden kişinin bütün ile bağlantısını temsil eden enerji katmanımızdır. Kollektif akış ve biliş bu katmanda gerçekleşir. Diğer katmanlara katalizör olup evrenin kaynağına bağlanarak tüm enerji akışını ulaştırır. Kişinin ruhsal farkındalığı ve bilgisi astral bedenin genişliğini etkileyen en önemli faktördür. Ruhsal açıdan gelişmiş olan insanların astral bedenin bilişi ile şifa aktarımı da oldukça etkilidir.

Kod Adı: Sezen

Gökyüzünün gündüzden geceye dönen rengini ve yağmura gebe gri bulutlarını mutfağımın camından izliyor, bir yandan da iş yerinden eve yeni geldiğim için hafif telaşla akşam yemeğini yapıyordum.

Saat 19.10'u gösteriyordu. Yan odada şarjda olan telefonum çalıyordu. Ekrana düşen arama ise Esra Balkan'dı. Gözlerim kocaman kocaman oldu ve telefonumu sevinç içerisinde açtım. Esra benim en yakın arkadaşım, dostum, kız kardeşimdir. Tüm bunların yanı sıra ayrıca da diyetisyenim, beslenme uzmanımdır.

Kevser Demet: Alo...

Esra Balkan: Alo... Bebeğim nasılsın? Müsait misin?

Kevser Demet: Sesini duyup kötü olunur mu hiç? Ben iyiyim bir tanem, sen nasılsın?

Esra Balkan: Ben de gayet iyiyim bebeğim, çok şükür diyeyim. Eğer müsaitsen seni kaçırayım da biraz hasret giderelim mi diyecektim.

Kevser Demet: Vallahi kaçır, buna çok ihtiyacım var. Seni de çok özledim. İkimizin yoğunluğundan yine bayağı açtık zaten arayı.

Esra Balkan: Olsun, bizim gönüllerimiz bir, kalp bağımız hepsini bertaraf ediyor.

Kevser Demet: Canımsın sen, varlığını çok seviyorum.

Esra Balkan: Kaç gibi alayım? Saat kaçta uygun olursun?

Kevser Demet: Bir saat sonra işlerim biter büyük ihtimal. Sana uygun mu 20.30 ya da 21.00 suları?

Esra Balkan: Evet, evet çok uygun olur. Zaten trafikteyim, klinikten eve doğru gidiyorum. Ben de eve çıkar, üzerime rahat bir şeyler giyerim, biraz da atıştırayım. Seni evden çıkmadan ararım, haberleşiriz.

Kevser Demet: İstersen sen eve geç, üzerini değiştirip direkt bana gel, burada birlikte yemek yiyelim. Hem daha fazla zamanımız olur birlikte beraberce geçireceğimiz.

Esra Balkan: Bana uyar doğrusu sevdim bu fikri. Hem senin lezzetli yemeklerine kim hayır diyebilir ki?

Kevser Demet: Beni sevdiğin için lezzetli geliyor olmasın?

Esra Balkan: Yok yok, baharatların, senin iksirlerin bir gurme olarak ciddi söylüyorum, seni sevdiğim doğru ama bu konuda hakkını teslim etmek gerek. Senin yaptığın yemeklerin tadı, kıvamı sahiden damağımda çatlayan bir lezzet bırakıyor.

Kevser Demet: Bir gurme olarak yemeklerime yaptığın yorumlara itiraz edemem. Beni seven yanını da göz ardı etmiyorum elbette. Esra ne derse o doğrudur. Sen gelene kadar biraz bu cümlelerini kulağımda çevirip kendimi şımartayım. Seni seviyorum…

Esra Balkan: İnan hakkın, şımar tabii. Ben de seviyorum hem de çok…

Şakalaşıyor, ardı ardına birbirimize espriler yapıyorduk. Biz ne telefonlaşınca ne de yüz yüze gelince zamanın nasıl akıp gittiğini hâlâ çözmüş değiliz. Kim kimi susturursa o anlatıyor ve her gün görüşsek bile aynı özlem içerisinde buluşuyoruz. Beraber gerçekten çok kaliteli zaman geçiriyoruz. Sizlerin de vardır hayatında böyle dostları. Beni çok iyi anladığınızı tahmin ediyorum.

Kevser Demet: Nereye gidelim var mı aklında bir mekân?

Esra Balkan: Seni şahane bir yere götüreceğim, bayılacaksın. Sürpriz olsun şimdi söylemeyeyim. Muhteşem magnolia tatlıları yapıyorlar. Nasılsa yarın da pazar, geç dönmemiz sana sorun olmaz değil mi? Ona göre rezervasyonumuzu alayım. Gideceğimiz yer biraz uzak ama büyük olasılık trafik biter biz yola çıkana kadar.

Kevser Demet: Bu kadar heyecan yaptırmasan diyorum. Yok canım sorun olmaz, bol bol dinlenecek zaman var yarına nasılsa. Nereye gideceğiz ki?

Esra Balkan: İyi madem, anlaştık o hâlde. Hazırlan Çengelköy'de canlı performans yapan harika bir grup var, oraya gidiyoruz. Salaş ve her şey nostalji olarak dekore edilmiş bir kafeye götüreceğim.

Kevser Demet: Bunu sevdim, müze gibi desene. Anlaştık.

Esra Balkan: Ruhunu sevdiğim zaten götüreceğim yerin adı da Müzelik Kafe. Ben eve yaklaştım, yarım saat sürmez sana gelmem.

Kevser Demet: Tamam bir tanem, haydi bekliyorum.

Esra Balkan: Görüşürüz, şimdilik öpüyorum ama az sonra sarılacağım.

Kevser Demet: Açtım kollarımı bekliyorum.

Oyalanmadan hemen yemeğimi yaptım, üzerimi giyindim. Esra geldiğinde fazla zaman harcamadan yemeğimizi yiyip çıkabilecek durumda hazır olup bekliyordum. Esra da fazla gecikmeden tam anlaştığımız saatlerde bana gelmiş, birlikte akşam yemeğimizi yemiştik. Navigasyondan "Beylikdüzü/Çengelköy" rotasını açıp trafik ne durumda akıyor diye baktık. Trafik neredeyse yok gibi diyebilirdim, saat ise zaten 21.00 olmak üzereydi. İş ve okul dönüşleri çoktan bitmiş olduğundan yollarda da araçlar pek kalmamış, trafik sakinlemişti. Biz de yemeğimizi yer yemez yola koyulmuştuk. Gerçekten kırk beş dakikayı aşkın bir sürede Çengelköy'de idik. Bilen bilir İstanbul'da bir yerden bir yere gitmek bazen şehirler arası yolculuktan daha zor olur. Aslında trafik çilesi olmasa tadına doyum olmaz bu koca şehrin. Her yakası ayrı güzel, ayrı bir cennettir.

Canlı müzik yapan grup yeni sahne almış, biz de programın en başına yetişmiştik. Ben hayranlıkla kafenin her köşesini, her karesini gözümle talan ediyordum. Düşünün sahnenin arka dekorunu bile kocaman kitaplıktan yapmışlar. Bir duvardan diğer duvara kütüphane kurulmuş. Ne kadar eski kaynak varsa örneğin Meydan Larousse ansiklopedilerinden tutun dünya klasiklerinden oluşan ve her türden kaynak koyulmuş. Bu şahane fikri sahne arkası olarak dekore etmişler. Bu yaratıma bayılmıştım. Hatta içimden şöyle dedim, eğer tekrar gelmek nasip olursa ben de buraya kendi kitabımı getirip hatıra olarak kendim bizzat bırakacağım diye geçirdim içimden. Tek kelime ile bayılmıştım bu mekâna.

Balat sokaklarının o eski ve renkli olan tarihi dokusunu burada iç dekor olarak sentezlemişler. Fincanları annem zamanlarında hani hep şu vitrinde durup bayramdan bayrama yıkanıp yeniden konulan o sarı porselenlerdendi. Kırmızı bir emaye çaydanlık, eski ahizeli telefon, oymalı sandıklardan masalar. Terzi makasından el örgüsü dantel ayrıntısına kadar bir insan bunca emeği nasıl bir araya getirmişti şaştım doğrusu. Buranın adı zaten bu sebeple Müzelik olmuş. Aklınıza gelen her ayrıntı gerçekten müzelikti. Kısacası bayıldım, aşırı beğendim ben burayı. Sanki zaman tünelinden geçmiş gibiydim, birçok obje kendi çocukluğumdan aşina olduğum şeyler olduğu için olsa gerek daha fazla içine çekmişti galiba beni. Böyle geniş geniş anlattığıma da bakmayın, minicik ve bir o kadar da sıcacık bir mekândı.

Taze çaylarının kokusu içeriye dolmuş otantik masaların eski koltuklarına gömülüp müzik dinlerken Esra'ya tüm ruhumla teşekkür ettim.

Kevser Demet: Ay Esra nasıl güzel bir yer burası böyle. İyi ki geldik, çok sevdim.

Esra Balkan: Biliyordum buraya bayılacağını, seni iyi tanıyorum. Hem dinleneceğimiz hem ruhumuzun da huzur duyacağı bir yer diye düşündüm.

Kevser Demet: Gerçekten zevklerini hep sevdim ama burası başka bir şey! Resmen büyüledi beni.

Esra Balkan: Sıra tatlılarını demeye geldi bence.

Kevser Demet: Bozuyoruz diyeti yani? Diyetisyenim kontrolünde tatlı yemek, hmm çok hoş geliyor kulağıma.

Esra Balkan: Bu cümleyi sesli söyleme! Duymasın kimse.

Bir yandan gülüşüyor ve yapacağımız tatlı kaçamağının üzerinden birbirimize latife ediyorduk. Müzikler şahneydi zaten. "Eksik bir şey mi var?" söylüyordu solist. Biz de sesimiz yettiğince eşlik ediyorduk.

Eksik bir şey mi var hayatımda
Gözlerim neden sık sık dalıyor
Eksik bir şey mi var hayatımda
Gökyüzü bazen ciğerime doluyor
Öyle bir şey ki bu, kolay anlatamam
Atsan atılmaz, satsan satamam
Eksik bir şey mi var, anlayamam
Bak çayım sigaram, her şeyim tamam
Eksik bir şey mi var, anlayamam

Bak çayım sigaram, her şeyim tamam
Kalksam...*

Her insanın bir dostu olmalı, arada sırtını yaslayacağı, elini tutup kardeş hasretini dindireceği.

Öyle dost olunmalı ki, koşulsuz ve şartsız safça sevmeye adanmış olsun bu.

Seni eksiksiz tanıyan, duygusal zekâsı yüksek, empati gücü çok olan.

Yorgunluklarını bilip seni dinlendiren ve sevgi ile şifalandırıp dönüştüren.

Yoksunluğunu görüp gideren.

Dünyadan geçip gidiyorken, girdiğimiz sevgi yarışında her geçen gün sevgi bağlarımızın ışıktan ipler ile daha da bağlandığı bir dostumuzun kalp atışı ruhumuza yansımalı ve değmeli.

Çok şükür benim var diye söyletebilene.

Çok şükür dostluğunu her hâliyle yaşatana.

İyi gününde ve kötü gününde karşılıksız kalabilene.

Madem konu buraya kadar geldi ben de dostuma, ruh ailemin en kıymetli bireyi Esra Balkan'a varlığından dolayı sonsuz şükran ile teşekkürlerimi sunuyorum. Bana dostluk kavramının karşılığını saf ve koşulsuzca yaşattığı için binlerce kez teşekkür ederim.

Seni seviyorum...

Tatlılarımızı ben çilekli, Esra muzlu magnolia olarak sipariş verdik. Hem ruhumuzun hem kulaklarımızın hem damağımızın şımardığı ve yâd edilecek güzel bir geceyi kendimize anı bırakarak oradan saat 00.45 civarında ayrıldık.

Eve dönüş yolunda sohbet ederken konu bir şekilde Esra'nın bir danışanına geldi. Bu danışanın çok diplerde olduğunu ve ona garip şekilde hem ruhen yakınlık

* Söz - Müzik : Nadir Göktürk

duyduğunu hem de nasıl ona yardımcı olabileceğini düşündüğünü söylüyordu. Canım dostum benim, danışanlarına sadece diyet listesi yazmaz, insanların ruhuna da dokunur. O sadece fizik bedenlerin güzelliğini ele almaz, enerji alanına kadar önemser. Danışanlarının motivasyon durumuna kadar ilgilenip kişilerin bir şekilde sağlıklı beslenme yoluna girmesi için elinden geleni yapar.

Esra Balkan: Biliyor musun Kevser? Bana son zamanlarda yeni gelmeye başlayan bir danışanım var. Büyüleyici bir enerji alanına sahip. Gerçekten bunu girdiği odaya yayacak kadar geniş bir enerji alanı hem de. Fakat gözlerinin içinde yerleşmiş bir keder var, çok net görebiliyor insan. Oturuşundan bile aşırı belli bir sıkıtı içerisinde olduğu. Sanki diken üzerinde gibi her an tedirgin. Bir görsen, nasıl da naif. Acayip bir yakınlık duyuyorum ona karşı, sanki kız kardeşim gibi sakınıp kollama güdüm yükseliyor her gelişinde. Niyedir onu da bilmiyorum.

Kevser Demet: Kaç yaşlarında?

Esra Balkan: 27 yaşında olmalı kayıtlarda var ama şu an hatırlayamıyorum.

Kevser Demet: Evli mi bekâr mı?

Esra Balkan: Evli ve şu an hamile. Gebelik şekerinden dolayı gelmeye başladı bana ben de öyle tanıdım kendisini. Jinekoloğu önermiş bir diyetisyenden beslenme uzmanlığı almasını. Hem bebek hem senin için bu daha iyi olur deyince tesadüfen bana gelmiş.

Kevser Demet: İlk aklıma gelen şey acaba aşk acısı falan mı diye düşündüm ama değildir evliymiş zaten. Çok kilolu olup dışlanıyor mu acaba diye geçirdim aklımdan ne yalan. Fakat anlattıkların bu düşüncemi çürütüyor.

Esra Balkan: Bu son geldiğinde her şey yolunda mı diye ortaya bir soru attım ama klasik cevap geldi, "Çok şükür iyi," dedi, konu kapandı.

Kevser Demet: Belki mizacı öyledir, gerçekten iyidir kim bilir?

Esra Balkan: Beni bilirsin Kevser! İnsanların gözüne baktığımda konuşulmayanı duyarım. Yanılıyor olamam.

Kevser Demet: Peki bir fikrin var mı? Sence ne olabilir?

Esra Balkan: Bilmiyorum. Bildiğim tek bir şey var o da sessiz bir çığlık içerisinde. Kevser onu duyan zaten kulağım değil ruhum. Bakalım pazartesi saat 10.00 randevusu var, belki sohbetimiz uzar çünkü onun hemen ardındaki zaman iki randevu boşluğum var. Anlayacağın zamanım çok geniş olacak pazartesi günü. Belki normal sürecini aşarak sohbet edebilirim diye düşünüyorum.

Bak ne diyeceğim, aklıma iyi bir fikir geldi. O gün benim randevular fazla sakin, eğer senin de işin yoksa kliniğe gelsen diyorum. Hem seni de ölçelim, bayağı oldu bakalım son durumun nedir? Kas kütlen, yağın, kilon ne durumda? İki ay oldu çünkü gelmedin ölçülmeye.

Kevser Demet: Olur aslında. Benim de pazartesi günü ilk danışanım saat 14.00 randevusunu almış. Sabah aralığım boş.

Esra Balkan: Şöyle yapalım mı? Sen 09.00 gibi kliniğe gel, aç olarak ilk olarak ölçümünü alayım, ardından birlikte kahvaltı yapalım ne dersin?

Kevser Demet: Ne hazırlayacaksın bana? Bir de koca demlik çay içerim bilesin... Önden pazarlığımı yapayım da ben. Sonra ben bilmiyordum olmasın.

Esra Balkan: İlahi dostum, sen iste ben semaver kurarım, lafı mı olur? Anlaştık o zaman, pazartesi sabah bendesin.

Kevser Demet: Anlaştık. Diyetisyenim eşliğinde çılgınca kahvaltı yapacağım.

Esra Balkan: Duyan da diyetisyenleriniz sizi aç bıraktı sanacak.

Kevser Demet: Evet ya toplumsal bir ortak bakış açısı var burada her diyet yapanın aç bırakıldığı sanılıyor. Hâlbuki senin listeme yazdıklarını öyle zorla yiyorum ki hiç aç olmuyorum. Hatta tam tersine sürekli tokum.

Esra Balkan: Evet, bizler ağırlık denetimini yaparken, bireyi gereken besin öğelerinden mahrum edip aç bırakmayız, bireyin kendine özgü yeterli ve dengeli beslenme ilkelerini gerçekleştiririz. Böylelikle ideal ağırlığına çekilirken, beslenme bozukluğundan kaynaklı problemler de ortadan kalkmış olur, açlık da söz konusu olmaz.

Kevser Demet: Ben de seninle çok şey öğrendim. Elimde abidik gubidik listelerle market raflarında tuhaf tuhaf ürünler aratmadın bana. Türlü türlü ilginç çaylar içirmedin mesela. Ve en önemlisi mutfağımda dolabımda olanlar ile damağıma aykırı kalmadan, paniklemeden ve diyetin psikolojisine sokmadan fazlalıklarımdan arındırdın. Sen bana doğru beslenmeyi aşıladın ve öğrettin. Gerçekten işini hakkı ile yapanlardansın ve iyi ki benim dostumsun. Torpilli danışanım değil mi? Arada kaçamak serbest bana.

Esra Balkan: Evet canım, her zaman torpillisin ama senin can dostum oluşundan sağlıklı beslenmen benim için daha önemli. Maalesef bensiz kaçamaklar yasak. Seninle çünkü uzun yıllar birlikte bu dostluğu sürdüreceğiz bana lazımsın. Yaşlanınca zinde kalalım ki daha çok gezilere gidelim, emekliliğimizi dünyayı gezerek geçirelim. Yaşadığın bedenin senin evin, ona iyi bakmalısın. Daha çocuklarımızı birlikte teyzeleri olarak büyüteceğiz.

Kevser Demet: Seninle söz anlaşması yapıyor ve evrene bunu not olarak bırakıyorum.

Esra Balkan: Seninle söz anlaşması yapıyorum ve evrene bunu not ediyorum.

Kevser Demet: Âmin.

Esra Balkan: Âmin.

Sohbet, diyet, danışan öngörüleri derken Beylikdüzü'ne eve gelmiştik. Tahmini saat 01.45 civarındaydı. Esra beni evime bıraktı, iyi geceler diledik ve gece için çok teşekkür ettim kendisine. Gerçekten iyi gelmişti bu minik kaçamak. Konfor alanından uzaklaşmak arada hepimize şart aslında.

Ertesi günün pazar oluşu benim de bol bol uyuyup dinleneceğim anlamına geliyordu. Telaşsız, paniksizdim. Hafta sonu olması ertesi güne işe yetişme kaygımı engellemişti. Rahat ve dingin bir ruh ile yattığımdan huzurlu bir uykuya daldım o gece.

Pazartesi Esra ile anlaştığımız üzere ben erkenden uyanıp önce sahilde biraz yürüyüp ardından direkt olarak Esra'nın kliniğine geçtim. Ölçümlerimi yaptı, beslenme tablomu yeniden düzenledi ve bol bol sohbet eşliğinde kendi elleriyle hazırladığı kahvaltımızı yaptık. Sahiden de koca demlik çay yapmıştı canım dostum benim.

Saat 10.00 olmuştu ve ilk randevusu olan cumartesi gecesi bana bahsettiği o danışanı gelmişti. Asistanı Serra mutfağa gelerek, "Esra Hocam, Sezen Hanım geldi," dedi.

Kevser Demet: Sen istersen ölçümlerini, beslenme listesini yap, ben de bu arada eczanede işlerim var, alacağım birkaç ilacı alıp tekrar geleyim.

Esra Balkan: Tamam canım. İşlerini bitirince tekrar buraya mutlaka dön ama olur mu? Sezen Hanım'dan sonra benim hâlâ boşluğum var, kahve içelim öyle gidersin.

Kevser Demet: Anlaştık. Ellerine sağlık, şahane bir kahvaltıydı.

Esra Balkan: Afiyet olsun. Her zaman hazırlarım sen iste yeter ki.

Kevser Demet: Canımsın sen benim canım...

Eczanede işlerimi bitirmiş, alacaklarımı almış, tekrar Esra'nın kliniğine gelmiştim. Esra da tam o esnada Sezen

Hanım'ı yolluyordu, tesadüfen kapıda rastlaştık. Bizi tanıştırdı. Ayaküstü laf lafı açtı, konu bir şekilde benim Ruhsal Haritam 1 kitabıma geldi ve Sezen Hanım da mutlaka alıp okuyacağını söyledi. Çok tatlı bir kadındı gerçekten de. Esra'nın dediği gibi yüzünde tuhaf bir hüzün taşıyordu. Biz Sezen Hanım'ı uğurladıktan sonra kahvelerimizi içmek üzere Esra ile tekrar kliniğin mutfağına geçtik.

Kevser Demet: Sezen Hanım'ın gerçekten enerji alanı şahane bir yayılıma sahip ve derin bir hüzün var ruhunda haklıymışsın. Sıcacık ve sevgi dolu olduğu aşırı belli. Davranışlarını anlattığın içinde özellikle ayrıca dikkat ettim ve sahiden tedirginlik ve panik bir hâl içerisindeydi. Sessiz çığlıkları vardı duyurmaya çalıştığı sanki.

Esra Balkan: Ben de az çok sohbet edebildim bugün daha fazla sürem olduğundan geniş geniş zaman ayırdım. Biraz eşinden dertli gibi söylediklerinden bu sonuca varıyor insan. Aman çok büyük çıkılmaz dertleri olmasın da eşi ile olan sorunları belki geçici aile içinde olan minik şeylerdir. Belki de biz büyütüp fazla hassas düşünüyoruz.

Kevser Demet: İşimiz insanlarla bire bir çalışmak olduğundan bence daha da hassaslaştırıyor bu durum bizi. Bazen pireyi deve yapabiliyoruz.

Esra Balkan: Kahvene süt ister misin?

Kevser Demet: Olur, senin kahve içerisinde süt ayarına bayılıyorum.

Aradan bir hafta kadar geçmişti sanırım, Sezen Hanım beni aradı! O tanıştığımız ilk gün yolunun üzerinden bir D&R mağazasına girip söz verdiği üzere kitabımı almış. Ardından sosyal medya ağlarımdan beni takibe de almış. Kitabı aldığı günün gecesi öyle bir göz atayım sonra da okurum diyerek eline aldığında sabah 05.00 sularına kadar bırakamadan okumuş. Resmen kitabın içerisine çekildiğini, kendinden ne çok örneklerin olduğunu söylüyor ve en kısa zamanda seansa gelmeyi istediğini belirtiyordu. Ne kadar yakın zaman içerisinde olursa bundan memnun olacağını ve hamile oluşundan dolayı ise Halo terapi ve diğer yataklara yatıp yatamayacağı hakkında da ön bilgi istiyordu.

Kendisine önümüzdeki hafta içinde bir randevu yazdım. Gelirken hafif tok ve rahat bir şeyler giymesini tembihledim. Çok mutlu olmuştu bu yakın süre içinde randevu yazabildiğimize. O günlük teşekkür ederek kapattı telefonu.

Sezen Hanım'ın randevu günü gelip çatmıştı. Geleceği sabah ben de ajandama bakınca, Sezen Hanım'ın randevusu olduğunu görünce kalp atışım biraz hızlandı. Sahiden de Esra'nın dediği gibi gözlerinin derinliklerinde tuhaf bir çığlık vardı. Tanıştığımız o gün bu konuda Esra'ya çok hak verdim, asla yanılmıyordu, yanılıyor olamazdı. Zira Esra insan bedenini fazlasıyla iyi ve de ustaca okuyabilen ender ruhlardandı. Birbirimizi bu denli anlıyor ve seviyor olmamız zaten kendimize çok benzeyen ruhlar olmamıza borçluyuz. Çoğu zaman suskunluğumu dahi duyan kişidir kendisi.

Sezen Hanım'ın açık kahverengi gözlü ve badem gözlerinin uzun kirpikleri kaşlarına değiyordu. Soluk teni, pembe yanakları ve hafif belirgin elmacık kemikleri yüz hatlarına ayrı bir güzellik katıyordu. Düzgün diş yapısı gülüşünü daha aydınlık gösteriyor, soluk teni ise bu bütünlüğü daha da zarif kılıyordu. Kendisi tahminim 1.65 boylarındaydı. Mimiklerinden tutun vücut diline kadar nezaket doluydu. Tam masamın yanında oturmuş verdiğim değerler tablosunu heyecan içerisinde dolduruyordu.

Ben ise kendisini izlerken sevgi ile doluyordum. Yüreğini nasıl da yüzünde taşıyor diye geçirdim içimden. Nasıl hanım hanımcık ve narin. Bir insanın hiç mi yüzünde ufacık da olsa art niyet olmaz? Öylesine duru ve temiz bir yüz vardı o an karşımda. Sanki rönesans devrinin tablolarındaki meleklere benziyordu. İzlemeye doyamıyordum.

Böylesi temiz enerjiler ile denkleşince insanların enerji alanları birbirine karışarak çoğalır ve büyür. Benimle devinim içerisinde giren Sezen Hanım ile enerji katmanlarımız çoğalarak büyük bir sinerji oluşturuyordu.

Sezen Hanım değerler tablosunu bitirmiş bana uzatmıştı. Tablosuna baktığımda ise yaşamının ipuçlarını görüyor ve ayrıntıda gizli olan yanları hakkında seans öncesi öngörüm oluşuyordu. Dehşet bir korku, hiçbir yere aidiyet hissedememe ve tarifsiz şekilde güven sorunu yaşadığını işaret eden birden fazla veriler vardı tablosuna baktığımda. Hayatında belli ki bir şey onu çok tedirgin ediyordu. Güven duygusu tamamen yok olmuş bir ruh hâli içerisindeydi. O bedeni kendi ruhuna dar geliyordu. Sığamıyordu hiçbir yere. O şahane gözlerinin ardından korkuyla dolu izliyordu insanları. Görünmez bir kalkan oluşturmuş, kendince kimseler onu görmesin istiyordu adeta.

Bir eli ise hep karnında bebeğini koruyordu, ona kol kanat geriyordu daha doğmadan. Kendinden bile sakınıp saklayacağı bir bebek olacaktı bu yavrucak. Bu korktuğu şey ne ise belli ki onu derinden kırmış sarsmıştı, yaşamın normal seyrinden çok uzaktaydı. Bir eli bu yüzden hep ama hep karnında duruyor diye düşündüm. Bebeğini daha şimdiden dışarından sakınıp saklıyordu adeta.

Ardından ilk sürecimizi bitirip seans odasına yani Sihirli Oda'ya geçmiştik. Gerekli her ayrıntıya büyük itina gösteriyor, bütün enerji katmanlarını tek tek temizleyerek şifalanması için elimden geleni yapıyordum. Fizik bedenini topraklamış bütün çakralarını da aktif ederek yön vermiştim. Bilinçsiz yaratımlarını yeniden yapılandırıp eski negatif yaratımlarını beraberce temizliyorduk. Gayet rahatlamış ve gözlerime pırıl pırıl bakıyordu. Sürekli minnet dolu sözler sarf ediyordu. "Nefes alamaz olmuştum, çok iyi geldiniz," diyordu. Yaklaşık iki buçuk saat geçirmiştik ve sıra konuşarak bazı notlar almaya gelmişti. Kendisine artık kendini nasıl hissettiğini sordum. "Sanki üzerimden tonlarca taş kalkmış gibiyim," diye cevap verdi. İsterse biraz dinlenebileceğini söyledim fakat kendisi zaten terapi esnasında fazlasıyla dinlendiğini, tam tersine hiç yorulmadığını dile getirince biz de devam etmeye karar verdik.

Ardından çok özel birkaç soru cevap yapıp az daha derinlere ve özeline indim. O bölümlere yazma iznim olmadığından sizlere aktaramıyorum. Sonrası için kayıt almak üzere kendisinden izin alarak kayda girdik ve seansımız devam etmeye başladı.

Kevser Demet: Sezen Hanım kendi ailenizle aranız nasıl? Örneğin anne babanızla?

Sezen Hanım: Doğruyu söylemem gerekirse annem beni hiç sevmez!

Kevser Demet: Hamilelikte insanlar hormonel durumundan dolayı daha hassaslaşır, acaba bu onun gibi bir hassasiyet mi? Değilse biraz açar mısınız?

Sezen Hanım: Şöyle, annem bana hamile olduğunu öğrendiğinden itibaren zaten hiç kabul edip sevmemiş. Aldıramamış ve düşürmek için çok çaba sarf etmiş.

Kevser Demet: İstenmeyen bir evlat olarak mı doğdunuz? Kaçıncı evlatsınız?

Sezen Hanım: Aslında istenmeyen evlat olmam için yeterince çocuk doğurmuş olması gerekirdi ama ben annemin ilk evladıyım.

Kevser Demet: Peki biraz bahseder misiniz?

Sezen Hanım: Annem beni asla sevmedi. Hâlen de sevmez. Çocukken bana işkence yaparken diğer kardeşlerime çikolata, şeker verirdi.

Kevser Demet: İşkence derken size çikolata vermez miydi yani?

Sezen Hanım: Hayır, yani beni yarı kızgın sobanın üzerine oturtup popomu yakardı. O sobanın maşasını ısıtır, bacaklarıma basardı. Hortumla su tutup yıkardı. Annem için bahane hep vardı, canı yeter ki bana eziyet etmek istesin.

O an dehşete düşmüştüm! Ağzından zoraki denecek şekilde laf alıyordum. Fakat verdiği o dolambaçlı cevaplar bile beni dehşet içerisinde bırakmıştı. Hızlıca aniden ayağa kalkıp bacaklarını açtı ve o izleri gösterince şoke oldum. Sakinliğimi koruyup dinlemeye gayret ediyordum, bir yandan da tepkimi belli etmemeye çabalıyordum.

Sezen Hanım: Bazı geceler altıma işerdim. Bilirsiniz çoğu çocuğun yaşayabileceği basit bir şeydir. Biraz anlayış ve sabır gerekir, sonra zaten mutlaka geçer. Hele bunu kışın yaptığımda kar da yağsa annem beni evin bahçesinde hem hortumla döverdi hem üzerime soğuk su tutardı. İki saat sürmez ardından ateşim çıkardı. Sonra birkaç gün içerisinde boğuluyor gibi öksürük de cabası olurdu.

Ateşim aynı gece 40 dereceyi bulurdu ve çoğu zaman bu durum ağır zatürreye çevirirdi. Üstelik kronik bronşitim de var, öldürmeyen Allah öldürmezmiş! Her defasında bir şekilde iyileşirdim. Sanki çocukluğumdan beri sırtımda görünmez bir el var da ben buradayım diyor. Beni gizliden koruyup kolluyordu her koşulda. Bir şekilde iyileşiyorum.

Kevser Demet: Peki anneniz diğer kardeşlere nasıl davranırdı? Onlara da aynısını yapıyor muydu?

Sezen Hanım: Hepsi de annemin koynunda meme kokusuyla büyüdü. Tek bir tokat yemediler. Onlar da bazen geceleri altına kaçırırdı ama annem bana temizletir ve asla kızmazdı hiçbirine.

Kevser Demet: Bu tutumunun nedenini daha sonra öğrenebildiniz mi? Ya da hiç sordunuz mu?

Sezen Hanım: Çok yeni öğrendim Kevser Hanım, daha bir yıl kadar oldu. Onu da çok tesadüfen eski bir aile dostumuz anlattı. Annem yüzüme bakmazdı ki ne olduğunu sormaya cesaret edeyim.

Kevser Demet: Benimle de paylaşır mısınız? Tam olarak sizi anlamak istiyorum.

Sezen Hanım: Ben tecavüz sonucu doğmuş bir çocuğum! Annem 17 yaşında nişanlı bir kız imiş. Bir akşam işten eve dönerken yanında duran markasını görmediği açık mavi bir arabadan inenler ağzını kapatıp kaçırmış ve sonrasını hatırlamıyormuş. Bayılmış. Kim olduğunu bilmiyor bunu yapanın ya da yapanların. Bu yüzden anneme beddua etmiyorum artık, kötü söz diyemiyorum, Rabbime el açıp ikimize de dua ediyorum sadece. Yaşadığı travmayı anlayabiliyorum.

Sonra o dönemler babamla yani hâlen evli olduğu adamla nişanlıymış ve olaydan sonra ağır bir travma yaşamış... Babam onu hiç bırakmamış. Baba diyorum ama yanıltmasın bu sizi yani üvey babam. Annemin hamile kaldığını geç anlamışlar, düğünü hemen yapmış babam. Annemin tecavüz sonucu doğuracağı çocuğa bile razı gelmiş düşünün. Yıldırım nikâhıyla evlenmişler. Altı ay sonra ben doğmuşum ama annem beni reddetmiş asla emzirmemiş ve kucağına almamış. Yüzüme bile bakmamış. Kim ne dediyse kabul ettirememişler. Üvey babam büyüttü beni, ben o adamın hakkını iki cihanda ödeyemem. Annemin eziyetinden üvey babam beni evde olduğu sürece korudu ve hatta benim için annemle her zaman kavga ederdi.

Duyardım bazen gece konuşmalarını, "Günah hanım, sabinin suçu yok etme eyleme," derdi. Annem ise babam evden gidince adeta canavara dönüşürdü. Köşe bucak saklanırdım ayağına dolanmamak için. Biraz büyüdüğümde işte on ya da on bir yaşımda akşama kadar sokağa atardı beni ancak babamın gelmesine yakın eve girebilirdim. Komşuların vicdanında evlerinin arta kalan yemeklerini yerdim. Beni onlar da sadece dış kapılarına kadar alırlardı. Çok acırlardı bana ve orada oturup verdikleri yemekler ile karnımı doyururdum. Anlayacağınız annem ölmem için elinden geleni yaptı ama ölmedim. Ölemedim. Bakın şimdi ben de anne adayıyım…

Kevser Demet: Kaç yıldır evlisiniz?

Sezen Hanım: İkinci yılımıza yaklaştık neredeyse. Kocamı çok severek evlendim ama artık annemin erkek versiyonuna dönüştü. Hamile kalmadan önce her şey çok iyiydi.

Kevser Demet: Sizin annenizle olan durumunuzu biliyor muydu?

Sezen Hanım: Tek tek başımdan geçen ve yaşadığım her şeyi anlattım, öyle evlendik. Tanıdığımda çok merhametli bir adamdı. Ben onun gölgesine sığınmıştım, dev bir ağaç gibi onun heybetine âşık olmuştum.

Kevser Demet: Başımdan geçen ve yaşadığım her şeyi anlattım cümlenizi biraz açabilir misiniz?

Sezen Hanım: Anlatayım, annem beni on üç yaşımdan sonra bir tekstil atölyesine ortacı olarak verdi. "Bir işe yara bari çalış," dedi. Sırf annem belki beni sever diye deli gibi çalışıp bütün aldığım parayı da kendisine veriyordum. Bir yıl orada çalıştıktan sonra başka yere verdi beni daha fazla aylık alayım diye. Ama bu atölye çok büyüktü ve sürekli gece mesaileri vardı. Annem mesailerin hepsine bırakıyordu. Mecbur kalıyordum ben de çünkü eve gidersem dayak yiyordum, işten kaytardın diye dövüyordu bu defada. Artık robot gibi olmuştum göz altlarım, mor bedenim yorgunluktan titreyerek çalışır olmuştu. Bir gece yine mesaideyiz, tuvalete girmiştim, klozet üzerinde oraya sızmışım. Patronum diğerlerine paydos vermiş, iş yerini kilitlemiş. Ardından beni servis aracında göremeyince tekrar dönüp gelmiş. İşte hayatımın en büyük travmasını da o gece yaşadım!

Ağlamaya başlamış, hıçkırıklara boğulmuştu. Ne desem teselli olmazdı, en iyisi susturmadan biraz durup ve içindeki zehri atmasını beklemekti. Bir bardak su verdim ve yeniden sordum, dilerse ara verebileceğimizi söyledim. Ama "Yok hayır, devam edelim," dedi.

Sezen Hanım: Beni uyuyorken bulduğu tuvalette önce uyandırdı. Ben telaşla ve utanarak hemen toparlandım klozette öylece uyumuşum. "Odama gel hemen," dedi. Bağırıp kızacak zannettim ilk önce. Odasında elinde bir ilaç vardı, "Al bunu iç, yorgunluğa iyi gelir, servis de gitti zaten acele etmene gerek yok. Seni evine ben bırakayım," dedi. İtirazsız içtim, zaten yorgun ve uyku sersemiydim. Verdiği ilaç Ecstasy imiş galiba. Çok sürmedi kan ter içinde kaldım ve dişlerim kilitlenmeye başladı. Yerimde duramıyor, aşırı mantıksız hareketler sergiliyordum. Anlamsız bir enerji vardı üzerimde. Bana bakıp gülüyordu, müzik açtı ve üzerimi tamamen soyup beni masaya çıkardı... Oynatıp uzunca süre göbek attırdı. Ne dese yaptım çünkü benim bir mantığım o an yoktu. Ardından ofisinde, oracıkta masasının dibinde halıya yatırıp bana sahip oldu...

Eve gitmemiştim ama kimin umurundaydım, annem babama mesaiden dolayı gelmedi derdi ve olur biterdi. Sabah erkenden uyandırdı patronum beni. Her yanım tutulmuştu ve olayı hayal meyal hatırlıyordum. "Millet gelmeden kalk giyin," dedi. Daha on üçümde bir tekstil atölyesinin patron odasında ırzıma geçilmişti. Gideceğim, ağlayıp anlatacağım bir kişi bile yoktu. Patronlarım da zaten bu durumumu biliyordu. Korkumdan sustum. Sahipsiz, kimsesiz oluşumu ise patronum bildiğinden beni beş yıla yakın süre bu şekilde kullandı. İşten her çıkmak istedikçe annemden eziyet gördüm, her defasında hortumla dövdü.

Artık bir gün cesaretimi toplayıp anneme anlattım başıma gelenleri! Yüzüne bağırarak haykırdım. Canımdan bezmiştim ne olacaksa olsun, en fazla öldürür herhâlde diye düşünüyordum. Irzıma geçilen o odada zaten her gün ölüyordum! Anneme anlattığım gibi, "Kız sen fahişe mi oldun?" diye saçımdan tuttuğu gibi beni bir hışımla sokağa attı. Ölmeye razıydım ama bu denli aşağılayacağını ve sokakta bas bas bağırıp cümle âlemi başımıza toplayacağını hiç düşünmemiştim. Güzel bir neden vermiştim eline beni artık eve almaması için. Nasılsa ben namussuzun önde gideniydim.

Üvey babamı da, "Seni boşarım bu kız seni de ayartır," diyerek susturup etkisiz bırakmıştı. Eve beni alırsa onu terk edeceğini bağıra bağıra söylüyordu. Sanki vaktiyle onun bedenine rızası dışı yapılan tecavüzü şimdi de kendisi benim üzerimden temizlemeye çalışan bir ruh hâlindeydi. Tüm mahalleye rezil ederekten attı beni sokağa. Sonunda sokaklardaydım. Artık benden kurtulmuştu. Ben her geçen gün biraz daha dibe indim. Biraz daha kirletildim! Sokaklar da kalmak çok zor Kevser Hanım çok...

Yaklaşık iki ay kadar parklarda ve hastane bahçelerinde uyudum. Çok şükür ki mevsim yaz olduğundan sığınacak bir kuytu bulunca uyuyabiliyordum. Uyuduğum hastane bahçesinde hasta yakınlarının attığı eski gazeteleri toplayıp iş ilanlarında bakmaya başladım. Sonrasında bir evde yatılı iş buldum topladığım o eski gazete ilanlarından. Yaşlı bir kadına bakıcı arıyorlardı. Bu kadın yatalak ve bezlenen biriydi, ondan dolayı da çok kişi bu işi istemediğinden benim ilk talebimde hemen işe aldılar. Fırsat gibi bir şeydim onlara. Aslında asıl bendim bu durumda kazanan, artık başımı sokacağım bir ev ve sıcak yemek vardı. Para vermeseler bile razıydım, gözüm gibi bakardım ben o kadına.

İlk defa şansım bana da uğradı bu iş ile yaklaşık dört yıl kadar ben o evde yaşadım. Hayatım düzene girmişti. Bedenim, ruhum resmen dinlenmiş, elim yüzüm düzelmiş bir insana benzemiştim. Kendimi yeniden doğmuş gibi hissettim bu 4 yıl boyunca. Kadın ölürse diye aşırı korkuyor, çok titiz bir şekilde ilaçlarını takip ediyordum. Kendimden daha fazla ona bakıyordum. Her gün kasları ermesin diye masajlar yapar, yatak yarası olmasın diye onu siler temizler ve güzelce kremlerdim.

Bu süre içerisinde bütün maaşımı da biriktirmiştim, belli bir bütçeye sahiptim. Böyle sürüp giden bir dört yılın sonunda teyzenin ilacını vermeye gittiğim bir sabah yatağında hareketsiz yattığını gördüm. Gözleri açık ve tavana bakıyordu. Koştum yanına nefesini dinledim. Tek bir can kıpırtısı yoktu. Çok koktum önce ama sonra cesaretimi toplayıp nabzına baktım. Ölmüştü. O dokunduğum bileği mermer gibi soğuktu. Maalesef o değil de ben ölmüş gibi yıkıldım. Sanki kendi hayatım son bulmuştu. Nefes almıyordum!

Çok ağladım cenaze boyunca ve durumumu az çok bilen oğulları şimdilik gidecek yer bulup düzenini kurana kadar dileğin süre bu evde kalabilirsin dediler. Nasılsa kendileri de yurt dışında yaşıyorlardı ve eve ihtiyaçları da yoktu. Evin gelinleri zaten cenazeye dahi gelmemişlerdi. Bu tekliflerini ben de geçici süre kabul etmek durumundaydım. Gidecek tek bir yerim yoktu. Biraz birikmişim vardı artık çok şükür onunla hayatıma yeniden yön verebilirdim. "Peki," dedim oğullarına, "Ama kendime yeni bir iş bulana kadar kabul ediyorum."

Sağ olsunlar çok merhametli, aşırı iyi insanlardı. Ben o evde çalıştığım sürece hiç incinmedim. Oğulları her ay düzenli maaşımı yatırdılar, asla mağdur olmadım. Hatta cenaze sonrası zorla bir miktar da çıkış parası verdiler. Almak istemedim ama hesabıma yatırmışlardı sağ olsunlar. Para harcayacak bir yerim de hiç olmadığından bütün kazancım bir kenarda birikmişti. Arada ikramiye diye fazladan yatırdıkları bile oldu. O aileden ve o evlatları yetiştiren rahmetli teyzeden Rabbim binlerce kez razı olsun…

Çok sürmedi eve yakın bir markette kasiyer olarak iş buldum. Bir yandan hâlen o evde kalıyor bir yandan da kendime yaşayacağım ucuz yollu kiralık küçük bir ev arıyordum. Bulduğum bir evi çok beğendim, yavaş yavaş taşınmam gerekliydi ve o evi bütçeme de uygun iken kaçırmadan tutmak için emlakçıya kapora verdim. Ertesi gün emlakçım, ev sahibi evini tutan kiracıyla tanışmak istiyor diye beni aradı. "Olur," dedim ben de. Hem kontratımızı da yaparız hem de tanışmış oluruz.

Sözleştiğimiz üzere verdikleri adrese gittim. Burası emlakçıya yakın bir kafeydi. Masada oturan bey ev sahibim olarak kendisini nazikçe tanıttı ve memnuniyet duyduğumu söyleyip ardından emlakçıyla da selamlaşıp ben de masaya oturdum. Havadan sudan derken neşeli ve keyifli bir sohbetin içinde bulduk kendimizi. Emlakçıya telefon gelince acilen kontrat yapıldı ve kendisi yanımızdan ayrıldı. Derken biz ev sahibim ile hâlen oturuyorduk, sanki yıllardır tanışıyormuş gibi yakın bir sohbet içerisine girdik. Telefonunu aldım, o da benimkini aldı çünkü artık ev sahibimdi, ben de kiracısıydım. Belki ev ile alakalı bir durum olursa iletişimde olalım diye.

Aynı hafta taşındım ve yerleştikten üç gün sonra ev sahibim Kadir Bey beni aradı. Her şeyden memnun muyum diye sordu. "Lütfen bir eksiğin olursa çekinme," gibi dipnotlarda bulundu. Böyle böyle biz aktif mesajlaşmaya da başladık, her şey kendiliğinden akıyordu. Ya Kadir Bey ya ben sudan sebeplerle birbirimize mesaj atacak bahaneler buluyorduk. Toplam altı ay kadar bu şekilde flörtleştik. Altı ay sonra Kadir Bey bana açıldı ve niyetinin evlenmek olduğunu söyledi. Ciddi olduğunu, eğer ben de istersem hemen ailesiyle tanıştırmak istediğini ve ardından hızlıca da düğün yapabileceğimizi söyledi. İnanır mısınız? Kalbim ilk defa pır pır oldu. Çok mutluydum. Ben de bu geçen süre içerisinde sevgi ile yavaş yavaş aşka dönüşen bir duygu beslemeye başlamıştım. Ona dürüstçe her şeyi anlatmak için o an teklifine cevap vermeden önce konuşmak üzere buluşma teklifinde bulundum. Hemen buluşmak, hemen konuşmak istediğini belirtince aynı gün onu evime çağırıp, tüm cesaretimi toplayıp başımdan geçenleri tek tek anlattım. "Beni susturmadan, soru sormadan önce bitirene kadar dinle olur mu?" diye de tembihledim. Tek cümle etmeden ve beni bölmeden dinledi. Ben kendimi ve o ana kadar neler yaşadığımı ayrıntılar da vererek tek tek anlattım.

Yere ayak dibime oturup, hüngür hüngür ağlayarak, kafasını yüzüme kaldırıp, "Özür dilerim sevgilim, seni bunca yıl bulamayıp savunmasız yanlarında kollayamadığım için lütfen beni affet! Seni daha önce ben gelip bulmalıydım. Oysa sen gelip beni buldun," dedi.

Ne yalan bu kadar anlayış ve merhamet dolu karşılanacağımı tahmin bile etmiyordum. Ayaklarım adeta yere basmıyordu. Kulaklarıma inanamıyordum duyduklarımdan. Üstelik verdiği bu üstün anlayışlı tepkiye aşırı şaşkındım. Böyle adam sadece sevilmezdi, üstüne üstlük tapınılırdı!

Çok sürmedi biz Kadir ile hemen evlenme kararı aldık. Ailesiyle tanıştırmaya Balıkesir'e götürdü beni. Annesi, babası, iki yıl önce boşanmış ablası ve henüz 5 yaşında olan erkek yeğeni burada birlikte, beraberce yaşıyorlardı. Beni evlat gibi bağırlarına hemen bastılar. Öyle güzel karşılandım ki size anlatamam. İlk defa bir aile sıcağında ve kabul görülmüş olmanın sarhoşluğundaydım. Şahane ötesi hissediyordum ve sanki rüya gibiydi her şey. Hızla bize önayak oldular ve düğünümüzü eksiksiz yaptılar. Bir hafta daha Balıkesir'de kalıp İstanbul'a kendi evimize döndük. Artık Kadir'in bekâr evini bize uygun şekilde döşeyip o evde aile olacaktık.

Bu tatlı telaşlarla biz çok mutlu bir şekilde evliliğimizin ilk yılını adeta peri masalı gibi geçirdik. Ardından hamile kaldım ve bizim mutluluğumuz kat ve kat artmış, daha da büyük bir aşk sarhoşu olmuştuk. Aynı dönem ablasından uzunca zamandır flört ettiği adamın hafta sonu istemeye gelecekleri ile ilgili bir telefon aldık. Her ikisi dul olan bu iki kişi ikinci evlilik için ilk adımı atacaklarını söylüyordu ablası telefonda. Hem istemeye geleceklermiş hem aile tanışması aynı zamanda olacakmış hem de o akşam söz yüzükleri takılacakmış. Ee doğal olarak ablası bizim de orada, Balıkesir'de olmamızı istiyordu. Biz de bebek haberini orada, o mutlu anda vermeyi planladık. Buradan sonra zaten film kopuyor.

Duyacaklarınız yok artık daha neler dedirtecek size. Zamanımız kalırsa bu o en kötü ve öldürücü kâbusumu da anlatayım. Yani masalım çok kısa sürdü. Nasıl bir kâbusa döndü tahmin bile edemezsiniz. Hayatım tekrardan bundan tam beş ay önce bal kabağına döndü.

Ben şu an o evet deyip tapındığım adamla değil sanki bambaşka biri ile evliyim. Ne yapacağımı bilmiyorum. Yönsüzüm Kevser Hanım, kayboldum gibi hissediyorum. Karanlık kör kuyunun dibindeyim. Hamile olmasam inanın yaşayacak takatim de yok artık. Gider kendimi bir yerden atardım. Öylesine yorgun ve bitiğim ki! Son sabrımda bu olaylar ile bitti. Gücüm tükendi…

Kendime çıkış yolu ararken o gün sizinle Esra Hanım'ın ofisinde karşılaştık ve varlığınızdan, bu terapilerinizden, ayrıca kitabınızdan o tesadüf gibi rastlaşma sayesinde haberdar oldum.

Kevser Demet: Aslında biz cumartesi Esra ile buluşmuştuk ve konu bir şekilde size gelmişti. Esra size kardeş gibi tuhaf bir yakınlık duyduğundan ve ruhunuzdan dışarıya duyulmayan çığlıklarınız olduğunu söyledi. Konunun üzerine pazartesi de randevusu var diye ekleyince hadi seni de ölçelim o gün derken bu tesadüf gibi görünen ilahi rastlaşmanın ağı örüldü. Ben siz geldiğinizde de oradaydım, mutfakta kahvaltı yapıyorduk ve Esra sizi odasına aldığında ben de eczaneye gitmiştim. Döndüğümde gitmiş olabileceğinizi düşündüm. Bizim kahve içmek için biraz daha zamanımız vardı onu kullanmak üzere tekrar dönmüştüm kliniğe. Ardından tesadüf gibi görünen bu tanışıklık vuku bulmuş oldu.

Sezen Hanım: Ya öyle mi, çok şaşırdım. Esra Hanım nasıl anlamış benim içinde bulunduğum bu ruh hâlimi?

Kevser Demet: Bazen psişik olmak gerekmiyor ruh okumak için. Esra danışanlarını da hayatında bulunan diğer insanları da sadece dinlemiyor! Duyuyor... Çok özel bir kalp ve ruhtur kendisi.

Sezen Hanım: İnanır mısınız? Aynı yakınlığı duydum da belli edemedim, utandım herhâlde. Sonuçta diyetisyenim, ben de danışanıyım.

Kevser Demet: Sezen Hanımcığım, haydi birer çay içelim, odamda devam edelim sohbetimize. Zira çok yorulmanızı istemem ve biz farkında değiliz ama beş saat gibi bir süredir bu odadayız. Açıkmış olmalısınız, iki kişisiniz siz. Hadi odama geçip çay ve kurabiye eşliğinde sohbetimize devam edelim ve bundan sonraki süreci planlayalım.

Sezen Hanım'la bizim o gün seansımız tamı tamına beş saat sürdü. İkimiz de su gibi akan bu süreyi fark edince çok şaştık. Tekrar randevusunu bir sonraki ay için aynı güne oluşturduk. Benim seanslarım genelde yarım günümü alır fakat hiç beş saat sadece bir fiil terapi olarak sürmez. Bu süreç, sohbet, formları doldurma, çay, kahve keyfi derken yarım gün geçer. Ben de uzun zaman sonra ilk defa beş saat seansta kalmıştım.

Odama geçip kendisine yapacağı ödevlerini birer birer anlatıp ruhsal dinginliğini, şükür enerjisi ile sağlayıp enerji alanını sürekli nasıl şifalandıracağına dair rehberlik ettim. Aklına takılan her ne olursa olsun çekinmeden aramasını söyledim. Kendisi ise daha yakın süreç için randevu almayı istiyordu. Fakat bu kadar erken gerçekten buna gerek yoktu. Kendisine güzelce izahını edip bu ödevleri yaparak bir ay boyu enerji alanlarını aktif tutarak sürekli temizleyebileceğini anlattım. Şükran ve minnet doluydu. Defalarca teşekkür ederek bu duygusunu fazlasıyla bana geçirmişti.

Ben de aslında bir sonraki seansı cidden çok merak ediyordum. Kocası Kadir Bey acı bir tesadüfle tekstil atölyesinin masa dibinde ırzına geçenin ablasının evlenmek üzere tanıştırdığı o adam olduğunu öğrenmiş. Sezen de mutluluğunun zirvesinde ve hamile kaldığını öğrendiğinin hemen haftası görümcesinin kız isteme merasiminde adamı görünce şoke oluyor. Mecbur susuyor, kime ne desin? Fakat Kadir Bey bunu damat adayının telefon konuşmasına şahitlik ederek tesadüf eseri öğreniyor. İşte bütün büyü burada nasıl bozulmuş, ipler nasıl kopmuş diğer seansa bıraktık. Sezen Hanım'ın izin verdiği kadarıyla sizlere süreci yine aktaracağım.

Benim için şu an karşımda oturan bu yorulmuş ruhun, dingin ve rahatlamış olarak huzurla yansımasından daha önemli bir şey yoktu. Bu konuyu açmayarak biraz dinlenmesi için diğer randevuya taşıdık. Biz o günlük tekrar görüşmek üzere kendisiyle vedalaştık. Kapıya kadar geçirdim ve kocaman sarılıp birbirimizi tekrar görüşünceye kadar Allah'a emanet ettik. Psikolog randevularını da ihmal etmeden gitmesini tekrar tekrar öğütledim.

Saat neredeyse 18.45 olmuştu ve apar topar ben de ofisi kapatıp eve geçtim. Acilen mutfağa girip akşam yemeği için en kolay yemeklerden biri olan can kurtarıcımız patates yemeğini koydum ocağa. Hem lezzetli hem en hızlı pişen bu yemek benim en büyük kurtarıcım olur acil durumlarımda. Yemekten sonra ben günün hikâyesini yazmak için evimde çalışma alanıma geçtim ve sizlere aktarmak üzere izinli olduğum yerleri tek bir satır atlamadan ve bir yandan da seans notlarımı tutaraktan yazmaya başladım. Arada aşırı geriliyor, sinirleniyordum ve yazmakta zorlandığım noktalar oluyor. Hangi cümle ile harman etsem yine de Sezen Hanım'ın anlatırken bana bakışını ve cümlelere yansıttığı o ses tonunu geçiremiyordum. İstiyordum ki direkt o anı size aktarayım. Resmetmek bile dediğim duyguyu size yansıtmaya yetmezdi direkt olarak görmeli, duymalıydınız. Öyle derin, öyle içten etkilenmiştim bu seanstan. Yatağıma yattığımda gözlerimi kapatsam bile siluet olarak Sezen Hanım tüm zerreme karışmış olarak zihnimde hâlen varlığını sürdürüyordu. Beynimde ayak sesleri geziniyordu. Henüz enerji alanımdan düşmemiş ve ruhsal olarak hâlâ benimleydi.

Bundan sonraki süreçlerde Sezen Hanım izin verdiği sürece terapi sonuçlarını ve dönüşüm hikâyelerini sizlere yazmaya devam edeceğim.

Sonsuz iyilik ve sevgiyle kalın…

Kod Adı: Muhsin

Eski bir danışanım olan Dilek Hanım'ın dayısı için aldığı randevum vardı bugün. Kim bilir hangi kapıları aralayacaktık birlikte?

Dilek Hanım'ın dayısı Muhsin Bey de benim kadar heyecanlıdır umarım bu dönüşüm için diye ajandama bakarak gelecek olan danışanımı düşünüyordum. İsminin enerjisinden ve numeroloji hesaplarından yola çıkarak Muhsin Bey hakkında öngörüde bulanmaya çalışıyordum.

Kalıplara sıkışmış biri miydi?

Yoksa kalıplarını kabul ederek dönüşmek üzere alanını pozitif olarak genişletenlerden miydi?

Sadece benim yapacaklarıma mı bel bağlayacaktı?

Ya da benimle ekip olup yolunu hızla açacak mıydı?

Bu yolculuk için ne kadar hazırdı?

Ben gelecek olan danışanımı düşünüyorken telefonum çaldı. Arayan Dilek Hanım'dı.

Dilek Hanım: Kevser Hanım merhaba, çok özür dileyerek dayımın randevusuna biraz gecikerek geleceğini mahcup bir durumda bilgilendirmek için aradım sizi. Oğlunun okulundan acil olarak gelmesini söylemişler. Kendisi apar topar gitmek zorunda kaldı. Sizden çok özür dilediğini belirtmemi söyledi. Eğer sorun olmazsa iki saat sonra seansa yetişebilecek kendisi.

Kevser Demet: Estağfurullah hiç sorun değil. Eğer mühim bir durum varsa erteleyebiliriz.

Dilek Hanım: Mümkünse ertelemeyelim Kevser Hanım lütfen. Dayım aşırı heyecanla bugünü bekliyordu ve bu durum aniden gelişince mecbur gitti. Yengem iş yerinden izin alamadı yoksa onu yollayacaktı.

Kevser Demet: Şöyle yapalım o hâlde, dayınızdan sonra gelecek randevumu arayayım müsaitse şimdi onu alayım. Aksi hâlde diğer danışanıma ayıp ederim. Dayınız Muhsin Bey de üç saat sonra gelebilir ve böylece randevular çakışmaz.

Dilek Hanım: Kevser Hanım çok güzel olur bu. Ben o hâlde sizden haber bekliyorum.

Kevser Demet: Gelecek olan danışanımı da inanın erteleyemem. Ayarlayamazsam beni hoş görün olur mu?

Dilek Hanım: Olur mu öyle? Asıl siz bizi hoş görün lütfen. Ben haber bekliyorum sizden.

Kevser Demet: Anlaştık elimden geleni yapacağım.

Ben hiç zaman kaybetmeden öğlenden sonra seansı olan danışanım Hacer Hanım'ı arayarak bu durumu ilettim. Kendisi bu yer değişimine umduğumdan daha sıcak yaklaştı doğrusu. Meğer o da ofisin yakınlarında olan bir AVM'de alışveriş yaparak zaman dolduruyormuş. Aşırı sevinerek, "Anlatacaklarımı daha fazla zaten içimde tutamıyordum, hemen geliyorum Kevser Hanım," dedi. Tabii ben de hızlı bir dönüş ile Dilek Hanım'ı arayarak durum hakkında bilgi verdim ve dayısının üç saat sonra gelebileceğini bildirdim. İki tarafın işine gelmişti ve kimsenin mağduriyeti olmayacaktı. Ben de stres olmadan bu olayı kolaylıkla halletmemin hafifliğini yaşıyordum. O arada hemen kendime yeni demlediğim ve mis kokularının odama dolduğu çayımdan aldım ve Hacer Hanım gelene kadar kendime minik bir mola verdim.

Yaklaşık on beş dakika kadar kısa bir sürede danışanım elinde alışveriş poşetleri ile ofise gelmişti. Koşturmaktan kan ter içinde kalmıştı.

Kevser Demet: Neden bu kadar acele ettiniz, yormasaydınız kendinizi Hacer Hanımcığım.

Hacer Hanım: Vallahi içim içime sığmıyordu o mağaza senin bu mağaza benim zaman doldurmaya çalışıyordum. Sanki duam kabul olmuş gibi beni erken çağırmış olmanız bugünün bana hediyesi oldu.

Kevser Demet: İnanın sizi zor durumda bırakmamış olmak beni çok sevindirdi. Sizden önceki danışanım biraz gecikmeli gelebileceğini bildirince önce size sorarak kendisine öyle evet dedim.

Hacer Hanım: Aynı sevinç erken gelmemden dolayı benim için de geçerli Kevser Hanımcığım. Benim için inanın hiç sorun yok. Böylesi daha hayırlıdır belki hakkımızda. Kısmetimi aldım kabul ettim ben.

Kevser Demet: Böyle düşünmenize sevindim, teşekkür ederim. Sizi çok iyi gördüm maşallah.

Hacer Hanım: İyiyim evet. Siz gerçekten sihirli kadınsınız. Hayatıma sanki sihirli bir değnek değdi ve her şey yoluna girmeye başladı. Henüz beş seans gelmiş olmama rağmen ruhumdan tutun yaşamıma kadar her olay sevgi ve güzellik ile vuku bulmaya hem de değişmeye başladı. Minnettarım.

Kevser Demet: Bu durumunuzu siz bakış açınızla ve de inat etmeden bana ayak diretmeyerek kendiniz oluşturuyorsunuz. Enerjinizi güzel kullanmayı seçiyorsunuz. Ben sadece size yol arkadaşlığı yapıyorum.

Hacer Demet: Çok kıymetli rehberliğiniz benim için ve çok teşekkür ederim size. Kendimi ilk defa önemli ve de değerli hissetmeye başladım sayenizde. Benim ne kadar kıymetli olduğumu fark ettim. İnsan sevgi ile bakınca olaylara gereksiz tripleri sahiden olmuyor ve enerjimi aşağı çekmiyor.

Kevser Demet: Ne mutlu böyle geri bildirimler almak ve duymak. Adınıza ayrıca sevinç duyuyorum.

Hacer Hanım: Rabbime bin şükür sizi bana gönderdi.

Kevser Demet: Çok şükür bizi biz gibiler ile buluşturana. Sizi hazırsanız o hâlde Sihirli Oda'ya alayım. Ne dersiniz?

Hacer Hanım: Oldukça hazırım ben Kevser Hanım. Nasıl isterseniz.

Biz Hacer Hanım'la seans için Sihirli Oda'ya geçtik ve genel dengelemelerini yaptık. Hacer Hanım bana bu seans ile toplamda beş defa geldi. İlk seansımız çok zorlu geçmişti ve ikimiz de yorgun çıktık o gün odadan. İlk seansta Hacer Hanım'ın ruhu aşırı hırpalanmıştı, benim ise o seansta öğrendiklerimden her zerrem olayı idrak etmeyi reddediyordu. Kendisi bu sürecimizde çok özel olan bu hayat hikâyesinin sadece minik bir değinişi ile öyküsü hakkında kısa bir özet yazmam için bana izin verdi. Ben de asla gizlilik kurallarına aykırı olmadan özel ve de kısacık bir özet vereceğim sizlere. Ardından Muhsin Bey'in hikâyesine döneceğim.

Nikâh memuruna, kucağında bir buçuk yaşlarında bir kız çocuğu olan yaşlı kadın ağlayarak yalvarıyordu.

"Lütfen kızımın nikâhını onaylayın ve kıyın. Yoksa eşim hapisten çıkacak hepimizi öldürür!"

Bir gecekondu mahallesinde yaşayan bu anne, yirmi üç yaşında oğlu ve on beş yaşında olan kızı ile kalıyormuş. Kucağında tuttuğu çocuk ise on beş yaşındaki kızından olan torunu! Bu ailenin babası ise adam yaralamaktan beş yıl önce içeri girmiş ve cezası bitmek üzereymiş.

Evin annesi ise kocasının eve dönmesine az kaldığından tabii tutuşmuş! Kızını kocası içeriden çıkmadan evlendirmesi lazımmış. Aksi hâlde nikâhsız çocuk yapan kızını da kendisini de öldürürmüş. Evlendirmek istedikleri kişi ise karşı komşunun oğluymuş. Nikâh memuru ise kadına, kızının kemik yaşı tutsa mahkeme kararı çıksa bile evlendirmek istedikleri komşunun oğlunun %99 bedensel ve zihinsel özürlü oluşundan evlenmelerine izin çıkmayacağını anlatmış.

Bu arada yaşlı kadının kucağında tuttuğu o bir buçuk yaşındaki kişi, Hacer Hanım'dır…

O an on beşinde olan ama on üçünde gebe kalan kızını hamile bırakan kim dersiniz?

Yirmi üç yaşındaki öz ağabeyi!

Bir anne düşünün kızına öz ve öz kızına yine kendi öz oğlu yan odada devamlı tecavüz ediyor ve anne sesini çıkarmıyor. Bu kız on iki yaşından beri öz ağabeyi tarafından suistimal ediliyor. Ne acı ki anne bu duruma müdahale etmediği gibi olayın vuku bulmasına yataklık ediyor. Ta ki kocası hapisten çıkacağı zaman kadar…

Karşı komşuları olan Emine Hanım ise bu çarpık durumu biliyor ve yıllarca susuyor. Ardından kararmış kalbi ile bildiklerini avantaja çevirmek üzere Emine Kadın da harekete geçiyor. Daha on beş yaşında olan komşunun kızını %99 bedensel ve zihinsel engelli oğlu ile evli olmasına ve bir buçuk yaşındaki çocuğu oğlunun çocuğu gibi göstermeye karşılık yaşlı kadının gecekondudan dönme müstakil evin tapusunu istiyor. Tabii anne kocası hapisten yakında çıkacak olduğundan ve çaresiz kaldığını düşündüğünden itirazsız tapuyu hemen Emine Kadın'a veriyor. Fakat memur bu nikâhın asla olamayacağını beyan ediyor. Emine Kadın ise nikâhtan önce aldığı tapuyu geri vermiyor, aksi hâlde komşusunun hapisten çıkacak kocasına her şeyi anlatmakla tehdit ediyor.

Kadının hem evi gidiyor hem nikâh gerçekleşmiyor. Kocasının hapisten çıkmasına bir aydan az zaman kalmış ve ne yapacaklarını bilmez bir durumda Hacer Hanım'ı evlatlık olarak bir aileye vererek bu durumdan kurtulmayı planlıyor. Bu fikrin ardından komşusu Emine Kadın'a, "Madem evin tapusunu aldın ve bu nikâh gerçekleşmiyor o hâlde sen de bu çocuğu evlatlık verecek bir aile bulacasın," diye pazarlık yapılıp bu durum üzerine anlaşma sağlanıyor. Emine Kadın evlatlık olarak verecek bir aileyi ise bir hafta gibi kısa sürede ayarlıyor ve çocuğu bir sepet gibi bırakıp arkalarına bakmadan kaçar eda ile uzaklaşıyorlar. Artık Hacer Hanım'ın varlığı onlar için sonsuza kadar yok oluyor. Yeryüzünden silinmiş sayıyorlar.

Düşünün babası, dayısı olan bir çocuk Hacer Hanım. Yetmez gibi yine terk edilen, yok sayılan da kendisi oluyor. Annesi ise ağabeyinin sürekli olarak tecavüzüne maruz kalan daha on beşinde gözü sokakta, oyunlarda olan bir çocuk…

Hacer Hanım evlatlık verildiği ailede şansı da yaver gidiyor ve el bebek gül bebek büyüyor. Aile ise sadece fakirlikten bakılamayan bir çocuk olduğunun dışında başka bir bilgiye sahip değil. Evlat edinen aileye asla konunun ve olayların iç yüzü anlatılmıyor. Kimsenin bu çocuğu kabul etmeyeceğini ve almayacağını düşündüklerinden bu çirkin ayıplarını anneanne ve Emine Kadın evlat edinen aileden de sır gibi saklıyor.

Hacer Hanım bu şekilde şahane bir aile içerisinde sevgiye, ilgiye, doyarak büyütülüyor. Yediği önünde yemediği ardında rahatlık içerisinde mutlu bir çocukluk yaşıyor. Aile onu öz evlat gibi bağrına basıp sevgilerini hiç esirgemeden büyütüyorlar. Gerçek bir aile sıcaklığında ergen olana kadar yaşıyor. Asla evlatlık olduğu ne kendisine söyleniyor ne de kendisi böyle bir duruma ihtimal verecek bir olay yaşıyor. O kadar ait, o kadar o aileden ki her gece şükrederek yatıyor. Her gece, "Allahım bana böyle ailede evlat olmayı layık gördüğün için çok teşekkür ederim," demeden yatmıyor.

Kısacası Hacer Hanım peri masalı gibi hayatın içinden geçiyorken bu arada da ortaokulu bitirmiş. Sonrasında ailesi liseye kaydını yaptırıp okuyup ayaklarının üzerinden duran bir kız olarak hazırlıklarını sürdürmüşler. Kader bu ya! Daha evlatlık verildiği hafta onu alan ailenin şehir değiştirmiş olmalarına rağmen lisede yaşayacağı tesadüf bir rastlaşma onun hayatını yeniden altüst etmiş…

Artık hiçbir şey eskisi gibi olmayıp sanki büyüsü bozulmuş bir masalın içinden geçen Hacer Hanım'ı aklının alamayacağı sırlar ile hayat sınamaya o yaşlarında, bebekliğinde ara verdiği yerden tekrar başlamış.

Hacer Hanım lisede tapuyu hile ile alan Emine Kadın'ın kızından olan torunu Kübra ile tesadüfen aynı sınıfa düşmüşler. Hacer Hanım bu komşu torunu ile kanka olmuş. Bu iki kanka sınıfın en gözde ve en zeki kızları imiş. Derken bu dostluğun pekişerek büyüdüğü ve can bağı gibi bir dostluğun oluştuğu ilk yıl hızla gelip geçmiş. Yaz tatilinde de sık sık kafelerde buluşmuşlar. İkinci sınıfta artık ailelerini tanıştırmak için aralarında konuşmuş ve bunu ailelerine bildirmişler. Her ikisinin ailesi de bu duruma oldukça sıcak bakıp bir buluşma ayarlamışlar. İlk buluşmaları oldukça keyifli sohbet içerisinde geçen ailelerin daha sonra birbirini ev ziyaretleri takip etmiş. Öyle ya kızlarının kim ile gezip dolaştığını daha yakından takip etmiş de oluyorlarmış.

Gel zaman git zaman bu şekilde zaman akıp gidiyor. Lise son sınıfta iken bir gün Hacer Hanım'ın kankisi Kübra memleketten anneannesinin geldiğini söylemiş. "Çıkışta bize gidelim, anneannem de senin adını çok duyduğu için tanışmak istiyor, seni merak ediyor," diye evlerine davet etmiş. Hacer Hanım, annesinden izin alıp o gün arkadaşına gitmiş ve anneanneyle tanışmışlar. Anneanneye Hacer Hanım'ın yüzü o kadar tanıdık gelmiş ki bu simayı sanki daha önceden tanıyor gibi hissettiğini dile getirmiş. Bu durum ise insan insana benzer diye geçiştirilip üzerinde durulmamış.

Hacer Hanım aslında öz annesine kopyası kadar benziyormuş. Sonra bu iki aile daha önceden ayarladıkları hafta sonu pikniği için buluşuyor! Hacer Hanım'ın ailesini o piknikte görünce tanıyan anneanne hemen yaşını hesaplıyor Hacer Hanım'ın ve o an anlıyor bu çocuk komşunun oğlundan olan iki kardeşin yasak ilişkinin meyvesi. Ailenin de tek bir evlat sahibi olması anneanneyi iyice bu durumda yanılmadığını doğruluyor. Daha dönüş yolunda iken Emine Kadın, Hacer Hanım'ın olayını arabaya henüz binmişken kızına, damadına ve torunu Kübra'ya rahatlıkla anlatmaya başlıyor. Olayların iç yüzünü duyan aile ve Hacer Hanım'ın kankası Kübra buz kesiyor, şoke oluyorlar. Aile hemen kızının arkadaşlığını kesmesini tembihliyor. Böyle kanı bozuk bir insanla arkadaş olamayacağını söylüyorlar. Yetmiyor kızları Kübra'nın sınıfını hemen aynı hafta değiştiriyorlar. Arkadaşının artık kendisi ile neden görüşmediğini bir türlü anlayamayan Hacer Hanım ise her fırsatta ısrarla soruyor neden kendisine küstüğünü fakat tek cevap da alamıyor. Gel zaman git zaman okulun kantininde yine denkleşince kankasına soruyor, "Ne olur neden küstün? Bunu bana söyle ben de hatamı telafi edeyim," diyor Hacer Hanım. Kankası

Kübra ise en sonunda kendini tutamayıp tüm bildiklerini kızın yüzüne doğru bağırarak kantinin tam ortasında onca kalabalıkta söylüyor. Hacer Hanım orada baygınlık geçirip yere yığılıyor. Duydukları karşısında ağır bir şok etkisinin içerisinde şuursuzca etrafa bakıyor. İkisi de hemen nöbetçi öğretmenler tarafından direkt müdürün odasına çıkartılıyor ve aileleri aranıyor...

Bu olayların bu denli şeffaf bir şekilde ortaya çıkması ve Hacer Hanım tarafından öğrenilmesi bu kalbi kararmış insanlar tarafından gerçekleşmiş. Durumu öğrenen Hacer Hanım ağır sinir krizleri geçirmiş. Okulunu bırakmış ve evlatlık olarak alan ailesi onun gerçek yaşam hikâyesini kabul edememişler. Bir türlü toparlayamayan Hacer Hanım birçok kez intihar girişimde bulunup ruh ve sinir hastalıklarında uzunca zaman tedaviler almış. Evlatlık alan aile de bu durumu kaldıramayıp Hacer Hanım'ı sokağa atmışlar. Dayısı babası olan çocuğu kimse kabul etmemiş. On beşinde anne olan annesi ise çoktan ölmüş. Bir trafik kazası sonucu hayatını daha yirmili yaşlarında feci şekilde kaybetmiş. Babası olan dayı ise uyuşturucu satıcılığından hapisteymiş ve anneannesi de felç geçirmiş, uzunca zaman yatalak bir şekilde kalıp neredeyse sürünerek ölmüş.

Hacer Hanım'ı ilk seansa aldığımda ikimiz de ağlamaktan devam edememiştik. Sürekli molalar vermiştik ve o günü tam gün birlikte geçirmiştik. Ben eve gittiğimde artık sinirlerim bozulmuştu ve yorganı kafama kadar çekip uzunca saatler ağlamıştım. Nerdeyse iki gün seans almamış, olan randevularımı da iptal ederek odamdan çıkmadan yatağımda ölü gibi yatarak geçirmiştim. Ne mantığım ne duygularım ne zihnim ne hücrelerim bu durumu kabul edebiliyordu. Hacer Hanım'la empati yaptığımda ben bu denli etkileniyorsam Hacer Hanım'ın çıldıracak duruma gelmesini çok net anlayabiliyordum.

Hacer Hanım bana ilk geldiğinde tek derdinin kabul görülmek ve anlaşılmak olduğunu söylemişti. Kendisinin psikolojik tedavisinin devam ettiğini söyleyerek, "Benim eksiğim kabul görülmek, sevilmek," diyordu. Asla kendisinin aidiyet duygusunun olmadığını ve her yere yabancı kaldığını söylemişti. Biz Hacer Hanım'la terapilerimizde daha çok motivasyon ve enerji dengelemeleri üzerine yoğunlaşarak çalıştık ve sadece arkadaşlığımı koşulsuzca açarak bağrıma bastım onu. Bir arkadaş nasıl dertleşirse ve birbirine önerilerde bulunursa o kadar tavsiyelerim oldu. Kendisinin zira ilk olarak bir psikiyatri yardımına ihtiyacı olduğunu ilk ön görüşmemizde belirtmiştim ve kendisi de zaten uzunca yıllardır bir doktoru olduğunu, aksatmadan da gittiğini söylemişti. Benim bu gibi travmalarda sadece motivasyon bölümünde ona yardımcı olacağımı üzerine basarak belirtmiştim.

Böylece beş aydır her seansında biraz daha topluma karışarak kendisi ile barışmasında rehberlik ediyordum. Hacer Hanım da artık tahmininden daha hızlı uyum sağlıyordu. Kendine güvenini kazanmaya başlamıştı. Mizacı da oldukça sevecen ve enerji saçan bir kişilikti. Kısacası Hacer Hanım'ın hikâyesi beni çok derinden yaralayarak etkileyen bir hayat hikâyesidir. Bu kadar yazma iznim olduğundan özetleyerek anlatmaya çalıştım. Şimdilik sonlandırıyorum ileriki süreçleri kendisi izin verdiği ve terapilere devam ettiği sürece sizlerle paylaşmaya devam edeceğim.

Hacer Hanım'ın seansı bitmişti ve daha kendisini yolcu etmeden Muhsin Bey de ofise gelmişti. Hep birlikte birer çay içtik, ardından Hacer Hanım'ı sıkıca sarılarak yolcu ettim. Muhsin Bey'in geç kalışından dolayı mahcup bakışlarını görüyordum ve durumu anladığımı, sorun etmemesini söyledim. İlk olarak ön tanışmamızı gerçekleştirip birkaç form verdim doldurması için. Ben de o arada seans odamı yeniden ayarlayıp Muhsin Bey'in yanına döndüm.

Kevser Demet: Heyecanlı görüyorum sizi.

Muhsin Bey: Oldukça heyecanlıyım Kevser Hanım. Dün gece de "Ruhsal Haritam Tohumdan Çatlamak" kitabınızı bitirdim ve çok etkilendim yazılardan. Yeğenim Dilek çok anlattı sizi bize ve ben de kitabınızı okudukça daha bir anladım konuları.

Kevser Demet: Ne güzel kitabımı okuyup gelen danışanlarımla daha kolay anlaşıyoruz ve durumu anlatırken içerik hakkında hiç zorluk çekmiyoruz, ne dediğimi daha kolay anladıklarından kalan zamanımızı terapi olarak kaliteli değerlendirmiş oluyoruz.

Muhsin Bey: Zaten kitabınıza başladığım an karar verdim sizden randevu almaya. Çok ilgimi çekmişti.

Kevser Demet: Bakalım sizinle nasıl bir yolculuk içerisinde seyahat edeceğiz?

Muhsin Bey: İnanın aşırı heyecanlıyım bu konuda.

Kevser Demet: Biliyorsunuz bazen dönüşümler zaman alıyor, bazen de yıkım olarak geliyor hayatınıza. Fakat bunlar yeniden yapılanma için gerekli olan temel durumlar. Bazı insanlar bu olayları bende ters tepti ya da hani bir şey olmadı olarak adlandırıyorlar. Bu konuyu yine de tekrardan size belirtmek isterim. Bazı olaylarınız dönüşmek için sizin kötü ya da istediğim gibi olmadı olarak adlandıracağınız durumlar olacak. Çünkü yeniden yapılanma gereken alanlarınızın bir şekilde bitmesi, yıkılması gerekli.

Muhsin Bey: Yok yok Kevser Hanım, gayet iyi biliyorum akışı. Hem yeğenim Dilek ile çok konuştuk hem de artık daha fazla okuyorum bu durumların iç yüzünü anlatan konuları. Ben size ekip arkadaşınız olmaya gönüllü olarak geldim. Siz ne derseniz ben harfiyen uyacağım ve zaman kavramını asla bu durumun içerisinde tutmayacağım.

Kevser Demet: O zaman hoş geldiniz Muhsin Bey.

Muhsin Bey: Hoş gördüm efendim.

Muhsin Bey evli ve iki oğlu olan elli iki yaşında kumral ve 1.75 boylarındaydı, kendi özel işletmesi ile uğraşmakta. Ne denli bilinçli gelmiş, cümleleri kendini belli ediyordu. Kendisini daha fazla heyecanlandırmadan Sihirli Oda'ya aldım. Odanın o sandal ağacı kokusuna ve büyülü hâline ilk girişte bayıldı.

Muhsin Bey: Dedikleri kadar varmış, harbiden burası sihirli bir dünya gibi görünüyor. Şimdi daha çok heyecanlandım ne yalan söyleyeyim bir o kadar da huzur doldu ruhum daha seansa başlamadan.

Kevser Demet: Nice pozitif dönüşümlere "Bismillahirrahmanirrahim" diyelim o zaman Muhsin Bey.

Muhsin Bey: Âmin. İnşallah Kevser Hanım.

Kevser Demet: İlk olarak nefes dengelemesi yaparak Halo terapi eşliğinde sizi topraklayacağım. Bu yaklaşık bir saat kadar sürecek. Ardından beden ve kafamızda bulunun bazı noktaların düğmelerini açacağım. Yine bu durumda yaklaşık bir buçuk saatimizi alacak. Sonrasında enerji beden katmanlarınızda Hz. dalganızı ayarlayacağız ve çakralarınızı yeniden aktifleştirip yönlerini ayarlayacağız. Toplamda dört saat kadar bu odada olacaksınız. İlk seansın bu kadar uzun sürme sebebi genel dengelemeyi yaptığımız için. Sormak istediğiniz bir şey varsa sorabilirsiniz.

Muhsin Bey: Gayet iyi anladım, sorum yok şu an Kevser Hanım.

Kevser Demet: Peki. Hipnoz olmadığı için istediğinizi terapi esnasında konuşabilir, sorabilirsiniz ve hatta gülebilir, isterseniz de ağlayabilirsiniz. Uykunuz gelirse de uyuyabilirsiniz. Aktif iletişimde olacağız zaten. Şimdi siz de artık hazırsanız başlayalım mı?

Muhsin Bey: Evet, hazırım. Başlayalım.

Muhsin Bey ile yaklaşık dört saat kadar terapi odamızda yapılacak bütün dengelemeleri gerçekleştirdik. Enerji beden katmanlarında oldukça fazla çalıştık. Kuş gibi hafiflediğini söylüyordu. Sanki yeniden nefes almaya başladım diye tabir etti o gün bana kendini. Biz bu ilk seansta sadece beden terapi için çalışma yaptık kendisiyle. Soru cevaplar ve psişik aktarımlarda fazla çalışma yapmadık. Çünkü fizik beden o kadar katılaşmıştı ki önceliğimiz bedenini gevşetip dengelemek ve bir sonraki seansına hazırlamak oldu.

Muhsin Bey hem evliliğinde aşırı derece mutsuz hem de iş konusunda batma noktasına gelmiş olduğunu anlatıyordu. Her şeyin birbirine karıştığını ve elini attığı her işinde bozulup yıkıldığını anlatıyordu. Çalışan bir cihaza dokunsam neredeyse çalışmaz ediyorum desem yeridir diye durumunun ne kadar da negatif alanlar ile dolu olduğunu belirtiyordu. "Yazan kalemi yazmaz ediyorum Kevser Hanım," diyordu.

Ben terapi sonrası notlarımı almıştım ve Muhsin Bey'e bir sonraki görüşme anımıza kadar yapacağı ödevlerini vermiştim. Acil bir durum olursa aramasını tembihleyip aradaki süreçte yaşadığı durumları not almasını rica etmiştim. Bir sonraki terapimizde bu süreçte neler yaşadı onlar üzerinden gideceğimizi anlatmıştım. İçimden bir ses bu adam çok hızlı dönüşüp kabuğunu kıracak diyordu! Biz o günlük Muhsin Bey'le tekrar görüşmek üzere vedalaştık.

Muhsin Bey bir aylık süreç sonunda randevu talebi olduğunu söyleyen bir arama yaptı. Ben ise biraz daha zaman geçsin öyle alayım diye düşünüyordum. "Ama madem gelmek istiyorsunuz elbette," diyerek en uygun zaman yazdım kendisini. Süreçte neler yaşamıştı ben de en az kendisi kadar heyecan içerisindeydim.

Muhsin Bey karısı Filiz Hanım ile büyük bir aşk yaşayarak evlenmişler. Üniversiteden arkadaşıymış ve flört zamanları oldukça uzun bir sürece yayılmış. Madem bunca zaman ayrılmadık, her şeyi de birlikte yapmaktan keyif alıyoruz, evlenelim biz mantığı ile daha mezun oldukları yıl evlenmişler. İlk etapta Muhsin Bey'in ailesi ile yaşamışlar ve çok geçmeden kendi düzenlerini kurup ayrı eve çıkmışlar. Filiz Hanım ve Muhsin Bey hemen iş bulmuşlar ve oldukça kısa sürede iyi de para kazanmaya başlamışlar. Yaptıkları birikimlerle iki yıl içerisinde kendi özel işletmelerini kurmuşlar. İş yerini açtıktan belli bir zaman sonra, "Oldukça güzel kazanıyoruz, uyumlu da bir çiftiz, artık bizim de bir evladımız olmalı, biz de çekirdek ailemizi büyütelim," demeye başlamış Muhsin Bey.

Her gün iş ev derken karısı Filiz Hanım keyifsiz bir ruh hâli ile dolaşmaya başlamış ve Muhsin Bey bu durumu fark ettiği an karısının yorgun olabileceğini düşündüğünden, "Ben iş yerini idare edeyim, sen de biraz hem dinlen hem arkadaşlarınla zaman geçir hatta minik bir tatile çık," diye bir teklifte bulunmuş karısına.

Filiz Hanım: Nasıl yalnız bırakırım seni bunca iş ile? Yok olmaz.

Muhsin Bey: Filiz farkındayım ve seni gayet iyi tanıyorum, yoruldun sen. Beni kandırma.

Filiz Hanım: Aynı süreçten birlikte geçtik Muhsin, sen de aynı bitkinlik içerisindeyken bunu benden isteme.

Muhsin Bey: Karıcığım sen az mola ver, yaz da yaklaştı zaten, güzel bir tatil de beraberce yaparız. Şimdilik ben iyiyim, çalışacak güce ve motivasyona hâlen sahibim. Benim güzel karım yorulmasın, kıyamam ona.

Filiz Hanım: Benim anlayışlı kocam, seni çok seviyorum ama birlikte tatil planı yapana kadar ben işime devam edeceğim. Konu kapanmıştır.

Muhsin Bey: İnatlaşırken bile çok güzel olduğunu biliyor musun?

Filiz Hanım: Bunu sık sık yapayım o hâlde!

Muhsin Bey: Her şeyinle âşığım, yap. Her konuda razıyım sana.

Filiz Hanım: Delisin sen.

Muhsin Bey: Evet hanımefendi, yeni mi anladın?

Filiz Hanım: Aman Muhsin, uğraşma benimle, hadi işine bak sen kaytarmaya yer arama.

Muhsin Bey: Senden daha önemli işim yok benim.

Filiz Hanım: Çok âşığım sana adam biliyorsun değil mi?

Muhsin Bey: Ben de karıma çok âşığım hem çok.

Filiz Hanım: Muhsin, köyden anneni yanımıza mı alsak?

Muhsin Bey: Hayırdır?

Filiz Hanım: Dün anneni aradığımda sesi çok bitkindi. Hasta gibiydi. Malum yaş aldı ve yalnız yaşıyor, Allah korusun başına bir şey gelse kimsenin haberi olmaz köy yerinde. Bir şekilde ikna edip getirelim. Biliyorum daha önce çok denedik gelmedi ama sanki bu defa bizi dinler gibime geliyor.

Muhsin Bey: Melek karım benim, senin bundan mı canın sıkkındı dünden beri?

Filiz Hanım: Sesini öyle duyunca tuhaf oldum. Biliyorsun ben annesiz büyüdüm ve anne hasretimi annende dindirdim. Emeklerini asla unutmam, evlat gibi davrandı hep, hiç kaynanalık etmedi.

Muhsin Bey: Sen nasıl güzel bir eşsin sevgilim. Peki, akşama doğru arayayım bir, gerekirse hafta sonu köye giderim. Haklısın aslında çok yaşlandı ve kimse yok yanında kalan. Babam rahmetli olmadan önce yine birbirine yoldaş oluyorlardı. Zor olsa da getireceğim. Evinden ayrılmaz biliyorsun.

Filiz Hanım: Biliyorum Muhsin. Anladığım için ses etmiyordum ama artık yalnız kalamaz ve kalmamalı da. Onu anlıyorum fakat biz de gidip orada yaşayamayız burada bir düzenimiz var. Bizim evimize gelsin, başımızda atamız olsun. Gül gibi bakarım ben ona. Pamuklara sararım dizlerine yatarım vallahi. Hem çocuğumuz olunca bana destek olur.

Muhsin Bey: Ağlatacak mısın sen beni yahu? Bu hayattaki en büyük şansım sensin benim.

Filiz Hanım yetimhanede büyümüş ve aile hasreti nedir çok iyi biliyormuş. Muhsin Bey'in ailesinde bu aile sıcaklığı ilk tattığından öz ailesi gibi sarılmış ve sevmiş. Filiz Hanım'ın anne ve babası o daha beş yaşlarında iken boşanmış ve annesi meme kanserinden ölünce babasının evlendiği yeni karısı Neriman Hanım, Filiz Hanım'ı istememiş. Babası onu sekiz yaşında iken yetimhaneye vermiş ve yeni karısından olan çocuklarına babalık etmiş. Bu hikâyeyi büyüyüp on sekizine gelince aklıselim hâliyle yeniden araştırıp öğrenen Filiz Hanım, babasının izini de bulmuş olmasına rağmen çıkmamış karşısına. Söyleyeceklerini yutmuş, haykıramamış yıllarca. Babasının yüzüne haykırmak için içinde biriktirdiği öfkesini babasını bulmasına rağmen çıkıp kusmamış yüzüne zehrini. Ne karşısına çıkmış ne bulduğunu belli eden bir durum oluşturmuş. Yıllardır sustuğu gibi yine susmuş. Ağlayamamış bile sadece birkaç satır yazarak öfkesini cümlelere döküp sistemli ve gönderilmemiş bir mektup yazmış!

Muhsin Bey'in anlattığına göre, Filiz Hanım evin yatak odasının duvarına o an içinden akıttığı zehir dolu sözleri üstelik çerçeve yapıp asmış. Olur da bir gün babamın bana yaptıklarını unuturum, yumuşar merhamet ederim diye kendine bunu hep hatırlatmakmış amacı. On sekiz yaşında yazdığı o anki duygusal aktarımlarını her taşındığı evinde yine yatak odasına en görünür yere asmış onca yıl. Filiz Hanım bu mektuba hem içini dökmüş hem de her zaman kendine yapılanları unutturmadan nefretini kalbinde taze tutmuş. Karısının bu içsel haykırışını, öfke dolu isyan mektubunu, Muhsin Bey de yıllardır uyumadan hemen önce ve uykudan hemen sonra görüyormuş. Muhsin Bey bana mektuptan birkaç cümle söyledi ve yazmam için de izin verdi. Ben de aklımda kalanları sizlere aktarmaya çalışayım.

"Beni yetimhane mi doğurdu?

Sen annemi mezara beni ise yetimhanenin beton duvarlarına gömdün!

İnsan öz evladını sığdıracak yer bulamaz mıydın evinin bir köşesinde?

Sekiz yaşında bir kız çocuğu öksüz kalmışken bir de yetim neden bıraktın baba?

Nasıl kıydın minicik evladına?

Hiç mi özlemedin saçlarımın kokusunu?

Yılda bir defa bile olsa insan merak edip gelip görmez miydi evladını?

Bana etmediğin babalığı cici karından olan evlatlarına gösterirken vicdanın hiç sızlamadı mı?

Benim de ağzım süt kokuyordu, öyle değil mi baba?

Baba, sen yaşarken beni baba demekten neden mahrum bıraktın?

Sahi dizlerim kanarken neredeydin ya da ateşli hastalıklarımda seni sayıklarken?

Soğuk banyolarda yıkanmaya çalışırken titreyerek ağladığımı da mı duymadın?

Ya bayramlarda! Baba bayramlarda da mı aklına yavrun gelmezdi hiç?

Ben bu yıl on sekiz oldum ve bu yeni erişkin yaşımda ise varlığının en çirkin hâlini yeniden öğrendim.

Seni asla ve asla affetmeyeceğim.

BABA..."

Böyle yazmış Filiz Hanım, babasının varlığını öğrenip ona yeniden denk geldiği o gün. İçinde öfke ve kırgınlıktan başka bir duygu beslemediği için hasretini, kızgınlıklarını, kırgınlıklarını yazıp bağrına basmış ve duvarına çerçeveleyip asmış. Hem öksüz hem yetim büyümüş Filiz Hanım.

Muhsin Bey ne vakit çocuk yapma konusuna girse bir şekilde karısı Filiz Hanım onu erteliyormuş. Evimizi alalım, işimizi kuralım, az evliliğimizi yaşayalım diye diye ertelemiş hep. Muhsin Bey'in dediğine göre karısı çocuk gelince ve aile olunca dağılacakları korkusu ile yapmayı ertelemiş yıllarca. Sanırım bu düşüncesi çocukluk travmasındandır diye de ekliyordu cümlesinin sonuna.

Ne anlayışlı bir kocaya denk gelmiş diye de ben geçirdim içimden o anda. Hem anlayışlı hem zarif bir adamdı Muhsin Bey ve iyi ki Filiz Hanım ile evlenmişler de ona rehberlik ederken yol arkadaşı olmuş.

Filiz Hanımı çok uzun yıllar çocuk için ikna edememiş, ta ki annesini köyden kendilerine gelmeye ikna edene kadar! Bir şekilde annesini kendileri ile yaşamaya razı etmiş Muhsin Bey. Ardından Filiz Hanım'ın yeniden neşelendiğini gözlemlemiş. Kayınvalide de hiç kaynanalık etmediği gibi tam tersine oğluna kaynana olmuş, gelinine annelik etmiş. Filiz Hanım'ın böylece bastırdığı anne hasreti az da olsa sevgiyle sarılıp şifalanmaya yeniden başlamış. Kayınvalide, "Torun olsa severdim, onunla ilgilenirdim," diye tatlı tatlı söylenirken Filiz Hanım da bu durumu artık kabul etmeye başlamış. Doğum kontrol ilacını kesip hemen ardından doktora da randevu alıp gitmiş. Aradan çok geçmeden hamile olduğunu eşi Muhsin Bey'e ve kayınvalidesine de müjdelemiş. Evde bayram havası ve şenlik varmış adeta. Kayınvalide ise rengârenk patikler, yelekler örmeye başlamış. Kısacası evi tatlı bir heyecan ile telaş sarmış.

Gel zaman git zaman gebelik bayağı kendini belli etmeye, Filiz Hanım'ın karnı da büyümeye başlamış. O ay gittiği doktor kontrolünde Filiz Hanım eve iki müjdeli haberle dönmüş. Önce güzel bir sofra kurup eşi ile kaynanasının tabaklarına ikişer tane mavi patikler ile servis yapmış. Muhsin Bey ve annesi önce tam anlamamışlar ve göz göze bakışmış ev ahalisi bir süre. Ardından Filiz Hanım çorba kâselerinin içerisinde ikişer mavi emzik ile yeni bir sessiz atak daha yapmış. Tam o hamlesinde artık Muhsin Bey anlamış ikiz bebek babası olacağını ve evde bir sevinç bir bayram havası başlamış. Karısına sarılıp öpüyor, masanın etrafında döndürüyormuş. Annesi ise "Ne oldu bana da söyleyin yahu," demiş. Muhsin Bey, "Anneciğim ikiz erkek torunların geliyor. İki gelinin daha olacak," diye sevinçle ellerini öpmüş annesinin. Anlatırken o anı hem yaşatıyordu hem ağlıyordu Muhsin Bey. Neden ağladığına gelince ben duygulandı diye düşündüm o an için. Fakat hüzün ve özlemdenmiş meğer!

Böylece doğum zamanı yaklaşmış, her şey gayet rutin ve gerektiği gibi güzel ilerliyormuş. Doğum hazırlıkları, hastane seçimi, hastane çantası, her şey ayrıntılı şekilde ayarlanmış ve artık ikizleri bekliyorlarmış. Gel zaman git zaman bir sabaha karşı uykusundan saat 04.00 sularında bir ağrı ile uyanan Filiz Hanım tuvalete giderken doğum suyu gelmiş. Hemen Muhsin Bey'e ses ederek su kesesinin patladığını ve doğumun başladığını söylemiş. Filiz

Hanım'ı hastaneye zaman kaybetmeden götürmüşler. Normal yollarla doğum o günün sabah 08.40 sularında gerçekleşmiş. Artık ailelerine iki birey daha katılmış. "Kucağıma bebekleri verdikleri anı anlatamam, nefesim kesildi ve dizlerimin bağı çözüldü Kevser Hanım," diyordu. Gözlerinden ise sicim gibi yaşlar akıyordu…

Artık ikizler Efe ve Erdem tam bir yaşına girmeye yaklaşmış ve evde bir doğum günü havası da beraberinde gelmiş. Muhsin Bey'in işleri yolunda gidiyor, maddi açıdan da oldukça güçlenmişler. Eş dost katılımı ile şahane bir yaş günü partisi verilmiş evde. Öyle mutlularmış ki çevrelerinde de evliliklerine gıpta ediliyormuş. Derken bir gece yatak odalarında uyumaya hazırlanırken bu çift biraz kurlaşmaya başlamış, karısını kaptığı gibi kucaklayarak yatağa sırtüstü yatırarak öpmeye başlamış Muhsin Bey. Ardından karısının sağ göğsüne dokunurken bir sertlik hissetmiş! İkisi de derin bir sessizlikle öylece kala kalmış önce. Sabah ilk olarak doktora koşmuşlar ve maalesef Filiz Hanım, annesi gibi meme kanseriymiş. "O zaten yıllarca bundan korktu ve korkusundan çocuk yapmayı erteledi," diyordu Muhsin Bey ve "Benim yüzümden," diye de ekledi. "O kadar çocuk diye tutturmasaydım keşke resmen karımın içine doğmuş ve her dediği çıktı."

Aslında çekim yasası dediğimiz durumun vuku bulmuş hâlidir bu örnek. Filiz Hanım'ın yıllarca beyninde tasarladığı senaryosu can bulmuş ve artık kader olarak hayatına yansıyordu… Korkuları yaşamına kader olarak yansımış tam da zihninde yazdığı gibi evrene sunduğu bu teklif mektubu kabul olmuştu.

"Söz büyüdür, düşünceler ise tohum, lütfen zihninizi ve hayatınıza kader diye çektiklerinizi pozitif yönde kontrole alıp kendinize çekin."

Aradan iki yıl kadar geçmiş, sonunda ağır tedaviler geçiren Filiz Hanım sağlığına kavuşmuş. Kanseri yenmiş çok şükür. Bu süreçte her iki göğsünü de almışlar ve sağlığına kavuşmuş olması daha önemli olduğundan ona üzülmemeyi de bilmiş Filiz Hanım. Gücünü ailesinden, evlatlarından, anne bildiği kayınvalidesi Adalet Hanım'dan almış her zaman. En büyük destekçisi yine kocası Muhsin Bey olmuş tabii. O süreçte geçmiş korkularından da kurtulmak için psikolog desteği görmeyi kabul eden Filiz Hanım hızla toparlanarak bütün eski enerjisine yeniden kavuşmuş.

Tam her şey düzelmiş ve ikizler anasınıfına başlamışken Muhsin Bey'in annesi Adalet Hanım, uykusunda bir gece kalp krizi geçirmiş! Yaşlı kalbi yeter bu kadar demiş ve o gece oracıkta yatağında son atışı ile durmuş. Sabah kahvaltı için anneciğini uyandırmaya çalışan Filiz Hanım soğuk teni ve solgun yüzü ile karşılaşınca kısa bir şoka girmiş. Annesi bir kere daha ölmüştü o gece Filiz Hanım'ın…

Bu üzüntü ve yaşadığı o sabahki şok derin bir buhran ile yeniden Filiz Hanım'ı ağır bir depresyona sokmuş. İlaç tedavisi almış bir süre. Düşünün kaynanasını annesi gibi seven bir gelinmiş Filiz Hanım. Çocukları için hep yeniden dirilmeyi de başaracak kadar savaşçı ve de güçlü. Muhsin Bey ise hem karısının yeniden hassas bir durum içerisine girmesinden hem annesini sonsuzluğa uğurlamanın kederinden hem de baba olmanın verdiği aileyi toplayıp güçlü kalma çabasından belli etmese de oldukça yıpranmış.

Zamanla toparlanmayı, çocukları için ayakta kalmayı seçecek kadar da mantıklı olan Filiz Hanım depresyona asla tutunmayı tercih etmeden ve her türlü çıkış yolunu denemekten kaçınmamış. Muhsin Bey'in sonsuz sabrı,

Filiz Hanım'ın diretmeyişinden mantıklı adımları ile yine küllerinden doğmayı başarmışlar.

İkizler artık ortaokul çağındalarmış ve bu geçen süreçte Filiz Hanım işi tamamen bıraktığı için şimdi yeniden aktif çalışma hayatına dönmüş. Şimdilerde özel bir firmanın insan kaynaklarında tekrardan iş yaşamına geçmiş.

Muhsin Bey'in bana geliş sebebi ise Filiz Hanım'ın babası Vedat Bey'in yıllar sonra ortaya çıkması ve kızını araması imiş. Vedat Bey damadı Muhsin Beyin'in iş adresine uzun araştırmalar sonunda erişmiş ve geçen ay bizzat gelerek kendisini tanıtma cesareti göstermiş. "Kördüğüm oldum," diyordu Muhsin Bey.

"Ben Filiz'i henüz yeni toparlamışken bir sürpriz ile daha sarsamam," diyerek benden kendisine yol göstermeni ve fikir vermemi rica ediyordu. Gerçekten zor bir yaşam sürüyorlardı. Muhsin Bey anlattıkça ben her defasında acaba bu olayı nasıl çözümlediler diyerek merakla ve de can kulağıyla dinliyordum. Her olayın üstesinden de yine sevgileri ile birlik içerisinde kalarak gelinmiş. Mutlu ve uyumlu bir çift olmaları huzur dolu bir yaşam için ise maalesef ki yetmemiş. Nice engeller aşılmış, nice sorunlar çözülmüş, hep omuz omuza ilerlenmiş. Fakat hayat denen bu engebeli yol hâlen onları sınamaya tüm gücüyle de devam ediyormuş.

Filiz Hanım'ın babası Vedat Bey, ölen eşinden sonra evlendiği karısı Neriman Hanım'dan yirmi iki yıl sonra boşanmış. Neriman Hanım'dan evliliği sırasında tam üç çocuğu daha olmuş. İkisi erkek, biri kız imiş. Hayatı boyunca mutlu olmayı başaramayan bu adam, Neriman Hanım'dan olan çocuklarıyla da görüşmüyormuş. Vedat Bey yirmi yıllık evli iken acı bir tesadüfle karısı Neriman Hanım'ın iş ortağı olan Selim Bey ile ilişkisi olduğunu ve aldatıldığını öğrenmiş.

Bir gün karısı Neriman Hanım'a sürpriz yapmak için habersizce iş yerine giden Vedat Bey, karısının masasının üzerinde duran ve yeni gelmiş kan kırmızı gülleri görüyor. Karısı Neriman Hanım ise o arada müşterisiyle konuşuyor ve eşinin geldiğini fark etmiyor. Vedat Bey güllerin hemen üzerine iliştirilmiş ve zarfa bile koyulmamış çiçeğin üzerinde duran nota gözü ilişiyor. Notta yazan şey ise "Sevgilim Neriman'a derin bir aşk ile..." imiş. Ve göndereninin adı ise Selim olarak gözüne çarpıyor. Karısına görünmeden apar topar iş yerinden kendisini hızla dışarı atıyor. Bulduğu ilk taksiye binip şoföre, "Sadece sür, yol boyu sür, ben söyleyeceğim duracağın yeri," diyor. Yaşadığı şoku hızlı hızlı aldığı nefesleri ve sıkışan kalbi daha da büyütüyor. Bir türlü sakinleşemeyen Vedat Bey bir yandan da eliyle sıkışan kalbini sıvazlıyor. Bir aksilik olduğunu gören taksi şoförü duruma kayıtsız kalamıyor ve aracını kenar çekip dikiz aynasından göz kontağı kurarak, "Abi iyi misin?" diye soruyor. Cevap alamayan şoför dikiz aynasından bakmayı bırakıp ardına dönerek bakınca görüyor ki yolcusu kalp krizi geçiriyor. Hızlı bir şekilde en yakın hastaneye yetiştiriyor.

Hastaneden Neriman Hanım'ı arayıp eşinin kalp krizi geçirdiğini söylen hastane görevlisinin telefonu üzerine Neriman Hanım apar topar ortağı Selim Bey'i de yanına katıp hızla kocasının yanına hastaneye geliyor. Eşinin hayatta olduğunu öğrenenince sakinliyor ve odasına doğru aceleci adımlarla ilerliyorlar. Vedat Bey'in yanına vardıklarında uyutuluyor olduğundan Vedat Bey onların ilk gelişini göremiyor. Selim Bey ilerleyen saatlerde Neriman Hanım'ı hastanede bırakıp iş yerine dönüyor ve acil bir durum olursa ilk olarak kendisini aramasını da sıkı sıkı tembihliyor. İlaçların etkisi geçtikçe Vedat Bey de yavaş yavaş uykusundan uyanmaya doğru geçiş yapıyor ve gözlerini açtığında karşında ilk olarak karısını görüyor. Bulanık zihni yeniden yaşadıklarını sanki bir rüya gibi kendisine hatırlatmaya başlıyor. Karısının orada gösterdiği ilgiden midesi bulanıyor. Bu ne kadar yalan ne denli çarpık bir evlilik diye içinden dışarıya duyulmayan bir haykırış gerçekleştiriyor. Karısı ise "Kocacığım neyin var, ne oldu seni üzecek?" diye arsızca sorular soruyor, bir yandan da, "Sana bir şey oldu diye çok korktum," diyor...

Vedat Bey hiçbir şey söylememeye ve onları takip edip olayların derinliğini ve de gerçek iç yüzünü bizzat gün yüzüne çıkarmaya karar veriyor. Hiç belli etmiyor o gün eşinin iş yerine geldiğini ve sevgilisi Selim'in gönderdiği çiçekleri gördüğünü. Hastaneden taburcu olana kadar normal davranmaya gayret ediyor ve rol yapıyor. İlk iş olarak bu ilişkinin ne kadardır sürdüğünü öğrenmek üzere harekete geçen Vedat Bey, içindeki zihnini kemiren o kurttan başlıyor. Gizlice çocuklarına babalık testi yaptırıyor! Bekleme süresi biraz uzun olduğundan günden güne de ruh sağlığı da bozulmaya başlayan Vedat Bey ölen karısına ve ondan olan kızına yaptığı haksızlığı bir tokat gibi her gün kendi yüzüne kendisi vuruyor. Çok geç anlasa da sahiden o gün çok pişman olmuş, hiç değilse kızına sahip çıkmadığına ve onu yetimhaneye bıraktığına derin pişmanlık duymuş.

Artık iki hafta gibi bir sürece yayılan bekleme bitmiş ve babalık testinin hazır olduğuna dair telefon ilgi laboratuvardan sonunda gelmiş. Heyecanla ve bir o kadar da korkuyla koşup gitmiş. "Ya çocuklarım sandığım çocuklar benim değilse!" Bu cümle Vedat Bey'in zihnini zehirli bir sarmaşık gibi sarmış. Sonunda bu sancılı süreç bitmiş ve elinde bulunan o zarf her şeyi açıklayacak olan hakem olacakmış. Zarfın içinde bulunan örnek sonuçlarını okurken yine o yabancısı olmadığı kalp sıkışması başlamış ve eli ile sıvazlayarak bir yandan da titreyen ellerine hâkim olmaya çalışıyor ve sonucu okumak için sabırsızlanıyormuş. Sonuçları acele ile okumaya başlayan Vedat Bey, olduğu yere yığılmış kalmış. Test sonucunda iki çocuğun kendisinden olduğunu görürken, en küçük çocuğunda ise babalık ilişkisi bulunmamaktadır yazıyormuş. Uzun zamandır birliktelikleri olduğunu bu bulgu ile daha da çözen Vedat Bey, bir hışımla yığıldığı yerden öfke krizi ile birlikte kalkıp doğruca eşinin iş yerine doğru yola koyuluyor. Neriman Hanım ve Selim Bey'in direkt yüzüne fırlatarak attığı babalık testini tek cümle kurmadan bekliyor. Ofiste derin bir sessizlik ve korku dolu süreç takip ediyor. Vedat Bey ikisinin yüzüne tükürüp hemen boşanma davası açacağını söylüyor. Bu süreç bir buçuk yıla yayılan çekişmeli bir zamana yayılıyor. İki çocuğunu da mahkemede Vedat Bey annelerine veriyor. Çünkü vaktiyle Filiz Hanım'a babalık etmeyen Vedat Bey bu durumda vicdan muhasebesine giriyor ve Filiz kızına adaletsizlik sayıyor bunu. Yetimhaneye bıraktığına ne kadar pişman olsa da geleceğe ait yeni bir pişmanlığın kılıfını tekrardan kendi elleriyle bir daha biçiyor. Hiç suçu olmayan öz evlatlarını şimdi de kendisi yine aynı cehaletle reddediyor...

İnsanlar değişmez, sadece gelişebilir cümlesi kulağımda çınlıyor bunları duyunca şu an... Ne yazık ki Vedat Bey, gelişmek üzere tek çaba sarf etmeden yine aldatılmış olmanın verdiği öfkesini masum yavrularından çıkarıyor. Kendince geçmişinin pişmanlığını temize çekiyor. Yeni hatalarını da geleceğinde karşısına çıkmak üzere inşa ediyor.

Gel zaman git zaman avare bir yaşamın içerisinde bu duygusal yıkıntılarla daha da derine inip berduş bir yaşam sürüyor. Ardından beş yıl gibi bir süreci evsiz barksız, beş parasız sokaklarda yaşamaya devam ederken ölmeden kızını bulup kendini affettirmeye karar veriyor. Sonrası malum kızını bulmuş ama karşısına çıkamamış. Damadı Muhsin Bey'den yardım istemiş. Muhsin Bey ise karısı zaten aşırı hırpalandığı bu yaşamda yeni bir fırtınayı kaldıramaz diye korkuyormuş. Ya hastalığı nüksederse diye çok çekiniyormuş. Zaten vaktiyle babasını bulan karısı babasının karşısına çıkmamış. İstese ona o zaman kendisini anlatma şansı zaten verebilirdi diye düşünmüş. Muhsin Bey'e hak verdim doğrusu. Sessiz kalması ve karısına şimdilik bu durumu direkt açmaması bence de çok mantıklı bir seçim olmuş. Sırf vicdanını temizlemek adına aranmış bir evlat var ortada, anlatılan hikâyede gerçek bir baba özlemi ben de hissetmedim doğrusu. Vicdan yıkamak için değil de bunca yıl veremediği sevginin peşine düşüp hatasını doğru anlasaydı keşke... Hâlâ bir gelişmemişlik hâlâ kendi seçimlerinin hatalarını ve bu yıkımının molozlarını cahilce başkalarına yıkma peşinde.

Evet, Filiz Hanım bilmeli fakat babasının pişmanlığının gerçek bir pişmanlık olmadığını ve babasının eyleminin amacını doğru anlayarak bilmeli bunu. Pişmanlık değil de vicdan yıkaması olduğunu bilerek olmalıydı bu. Affeder ya da etmez bu seçim ise yine Filiz Hanım'ın olmalı. Bu defa en az zararla çıkılmalı bu durumun içerisinden.

Muhsin Bey benden kendisine bu konular hakkında rehberlik etmem ve geçmiş dönemlerden bu gününe oluşturduğu negatif alan kopyalarını ve enerji beden yırtıklarını onarmam için yardım istiyordu. Karısını ve çocuklarını çok seven bu adam sadece yaşadığı süreçten etkilenmiş ve oldukça korsan alan geçişi edinmiş. Bizim yolculuğumuz bu süreçte ona ait olmayan alanları temize çekerek bilinçsiz bilincinin oluşturduğu kopyaları yok etmek olacaktır. Ayrıca Filiz Hanım'la kendisini Vedat Bey konusunda ise psikoloğa yönlendirdim. Muhsin Bey müsaade ederse her sürecimizi sizlere yine aktarmak üzere yazacağım.

Sevgi dolu bir sabırla sevilmeniz dileğiyle…

1
AFİRMASYON

Önce zaruri olanı, sonra mümkün olanı yap.
Ve sonra birden imkânsız olanı başardığını göreceksin.
FRANZ VON ASSISI

1. ÖDEV
21 GÜN DEVAM EDİLECEK...

Kıymetli okuyucularım, bir sonraki kitabımda yine çok değerli danışanlarım izin verildiği sürece spiritüel dönüşümlerinin süreçlerini ve de hikâyelerini sizlere aktarmaya devam edeceğim. Şimdi sizlere danışanlarıma da sıklıkla verdiğim birkaç ödevi bütüne katkı olmak amacı ile yapmak isteyen her bireye görev olarak vereceğim. Kolaylıkla günlük hayatınıza meç edeceğiniz tekniklerden bahsedeceğim biraz. İlk olarak afirmasyon yaparak negatif olan rutinlerinizi nasıl pozitif yönde dönüşüme çevirebilirsiniz ondan bahsedeceğim.

Afirmasyon, beynimizde yarattığımız düşüncelerimizi (negatif veya pozitif olarak) sürekli yenilemek ve güncel tutmaktır. Mesela negatif olan düşünce kalıplarını pozitif yönde olumluya çevirme kuramıdır. Kısacası olumsuz düşünce kalıplarını olumlu düşünce kalıplarıyla yer değişip zihni ikna etme yöntemidir.

Örneğin, "Fakir olmayı istemiyorum," düşünce ve cümlesi yerine, "Ben zenginim," cümlesini kullanıp erteleme kalıbını olumluya çevirip, kendini manipüle eden inanç kalıplarından da çıkıp yeniyle ve pozitif imgeyle yer değişmektir. Her afirmasyon imgesi ve de cümlesi bilinçaltına verilmiş ve hayatınızda kendini gerçekleştirmesi üzerine aktif edilmiş bir emirdir. Bu seçimi sizin cümle kalıbınız ile imgeleriniz belirleyecektir. Afirmasyon yöntemi sizin eski ve köklü olan inanç sisteminizi istenilen yönde yeniden programlar.

Unutmayın bilinçaltı kayıtları asla silinmez ve henüz böyle bir teknik de bulunmamaktadır. Fakat bilinçaltı her zaman eski kayıtları yeni kayıtlarla yer değiştirmeye müsaittir. Olumsuz kalıplarınızı yeni olumlu kalıplarla yer değişerek hayatınızın kendi dönüştürücüsü olabilirsiniz. Her zaman hatırlayın ki inanç sisteminiz her neyse sürekli olarak yaşamınıza yansıyarak bu inanç kalıbınıza göre sizi haklı çıkarır. Ben biliyordum zaten diye de kendiniz onaylarsınız. Bahtsız olmayı seçerseniz öyle de olursunuz. Bunu tam tersine şanslı olmaya da yine kendiniz çevirebilirsiniz. Etrafınızda şikâyetçi olduğunuz ve sürekli tekrarlayan olaylar yine sizin bilinçaltı kök inançlarınızdan gelir. Çünkü senin inanç sistemin bu durumu yaşamına çekiyordur. Ömür boyu bu olaylar tekrar tekrar kendini yenileyerek karşına çıkar. Olumsuz kayıtlarını dönüştürmeyi seçtiğin anda yenisiyle gelir ve dönüşüp istediğin hâli alır. Kısacası afirmasyonları ne kadar sık kullanırsanız istediğiniz yönde yeni pozitif kayıtlarınız oluşuyor ve bir yandan da bilinçaltınız eski negatif kayırlarından arınır.

Afirmasyon yaparken neyi istemediğinize değil neyi istediğinize odaklanın.

Örnekle:

1. Para bana kolaylıkla ve bol bol gelir.

/ Zengin olmayı seçiyorum.

2. Bedenim her geçen gün daha da sağlıkla ışıldıyor.
/ Sağlıklı kalmayı seçiyorum.

3. Ben sevgiyim, ben aşkım.
/ Sevip sevilmeyi seçiyorum.

4. İstediğim işte tam da istediğim konumdayım.
/ Hayalimdeki konumda olmayı seçiyorum.

5. Ben her daim mutluyum.
/ Mutluluğu seçiyorum.

6. Aşk dolu huzurlu bir birlikteliğim var.
/ Aşkı seçiyorum.

7. Kendimi tam da olduğum gibi seviyorum.
/ Kendimle hep barışık olmayı seçiyorum.

8. Ben çok değerliyim.
/ Kendi değerimi hep hatırlamayı seçiyorum.

9. Evren ihtiyacım olan her şeyi kolaylıkla bana verir.
/ Şanslı olmayı seçiyorum.

Ruh eşim bana doğru anda ve zamanda gelir.
/ Ruh eşimin beni bulmasını seçiyorum.

Örnekte olduğu gibi afirmasyon kalıplarını eski negatif kök inançlarınızla yer değiştirip yaşamınızın kilitli kapılarının anahtarını yeniden elinize alabilirsiniz.

Şimdi haydi en az beş afirmasyon da siz yazın ve ardından seçim yaparak bunu buraya ilk tohumunuz olarak bırakın.

1. ....

/ ....

2. ....

/ ....

3. ....

/ ....

4. ....

/ ....

5. ....

/ ....

Zihninizde isteklerinizi olumlu cümle kalıbına çevirip ardından bunu disiplinle güncel tutarsanız bu talepleriniz o derece hızla hayatınıza meç olacaktır. Sizlere birinci ders olarak olumsuz kalıplarınızı bir defter tutarak afirmasyon yöntemini kullanıp negatif olan kök inançlarınızı olumlu cümleler kullanarak defterinize en az yirmi bir gün boyunca sabah ve akşam olmak şartıyla yazmanızdır. Hayatınıza nasıl da inanılmaz sihir dolu mucizeler saçılacak bizzat kendiniz göreceksiniz. Çünkü yeni inanç kalıpları hızlıca DNA'mız tarafından da kabul görülüp rezonans alanımıza ışık gibi yayılıp etrafımıza da yollanır.

Rezonans kuramına göre yeni inanç sistemleri aynı frekansta olan her şeyi hayatına hızlıca çekmektedir. Sadece yazmakla kalmayıp yeni pozitif kalıplarınızı sürekli olarak sesli ya da sessizce kendinize tekrarlar yapmanız durumunda bilinçaltı yeni inanç sisteminizi daha da hızlı aktif edecektir. Çünkü afirmasyon kullanırken bedeniniz ve zihniniz daha güçlü titreşim yaymaktadır etrafına. Bu güç ise kendi devasa oluşumlarına kapılar aralar. Ardından sizin tarafınızdan yapılan yayına göre benzer titreşimleri bulup bunu da size doğru aynalamaya başlar ve istekleriniz doğrultusunda aynı frekanslarla senkronize olmaya başlarsınız.

2
İMAJİNASYON

Hayal gücü, bilgiden çok daha önemli.
Zira bilgi sınırlıdır.
ALBERT EINSTEIN

2. ÖDEV
21 GÜN DEVAM EDİLECEK.

İnançlarımızı eğer duygularımızla besleyip desteklersek yaydığımız ol enerjisi çok daha büyük olur. Dileklerinizi her daim mantık çerçevesinde oluşturup kalbinizle de buna inanın. Mantık dışı ütopik istekler kendinizi sadece manipüle etmenize sebebiyet verir. Arzularınızın olma ihtimaline önce mantığınızın inanması gerek ve kalbinizin bunu sevmesi lazım. Bu yüzden diyorum ki mantıklı gelen yanlardan isteyip duygularınızla da desteklediğiniz her şey hızla ol enerjisine dönüşür. Kalben ve derinden inandığınız her olay hayatınızda bir gün mutlaka vuku bulur. Hayal ettiğimiz, düşündüğümüz ve hissettiğimiz her şey ama her şey DNA'mız tarafından algılanır. Bu yüzdendir ki düşüncelerimiz kaderimizi belirler. Hayal ettiğin ve hayal ederken duyduğun his kendi gerçekliğini sana yansıtmak üzere hızla gelmek için hazırlanır.

İmajinasyon, insanın hayal gücünü kullanarak düşünme şeklidir. Düş gücünü kullanarak her şeye kombinasyon oluşturmasıdır. Özellikle parapsikoloji ile ilgi çalışmaların temel kavramlarından biridir.

Düşüncenin de bir enerjisi olduğu artık günümüzde de net şekilde bilinmektedir. Ne kadar canlı imajine edebiliyorsa kişi hayallerinin kendisine doğru frekansa girip çekilmesi o denli hızlı olur. Düş gücü bir yaratım şeklidir ve bir kalıp cümle vardır, "Tam da hayallerimdeki gibi oldu her istediğim," denir. İşte tam da neyi imgeleyip düş gücünüzle canlı renklere boyuyorsanız o derece gerçeği hayatınıza aynı şekilde size gelir. Her düşüncenin, her hayal edilen şeyin kendine ait bir enerjisi vardır. İsteklerinizi doğru bir şekilde tam da istediğiniz gibi imajine ederseniz o derece bunun yaratımına destek vermiş olursunuz.

İmajinasyon ile niyetlerinize enerji yüklemeniz irade ister. İki gün hayallerinizi inşa edip ertesi gün vazgeçerseniz bu arzunuzun enerjisini yaşamınıza asla çekemezsiniz. Israrcı ve istikrarla kararlı olmalısınız. Ne kadar net hayal edebiliyor ve gerçekliğini yaşıyorsan o derece bu hayal bir gün sana gelecektir ve hayal olmaktan çıkıp gerçeğe dönüşecektir. "Hayallerim gerçek oldu," cümlesi sıklıkla hayatınızda kendini böylece gösterecektir. Bir niyetinize en az yirmi bir gün kanalize olup ısrarla gerçekliğini yaşamaya devam etmelisiniz. Sonrasında istediğiniz şeyin olma enerjisi yaşamınıza kendisini meç edecektir.

Mucizelere inanın!

İnan ki hayalleriniz duygularınızla beslenip yaşamınızda filizlensin.

Olumla, imgele, görünür kıl ve onu konuş yeter.

3
HAYAL PANOSU

Yeni bir fikir ortaya atan insanlar, bu fikirleri başarıya ulaşana kadar deli muamelesi görür.
MARK TWAIN

3. ÖDEV
SÜREKLİ GÖRECEĞİN YERDE OLMALI!

Unutmayın, istekleriniz atacağınız 4 adım kadar yakınınızda. İsteyin, hayal edin, görünür kılın ve onu konuşun kâfi.

Nasıl mı?

1. Afirmasyon yapın.
2. İmajinasyon ile destekleyin.
3. Hayal panosu kullanarak görünür kılın.
4. Onu konuşun.

İhtiyacınız olan malzemeler bir A4 kâğıdı ya da bir tabaka karton olabilir. Ve bir adet size ait resim ile tükenmez kalem. Hayal ettiğiniz isteklerinizi temsil eden görseller. Ev, araba, yazlık, evlilik, iş, vs. Bu görsellere dergi ve gazete gibi kaynaklardan kolayca erişebilir, keserek çalışmanıza katabilirsiniz. Dilerseniz bizzat kendiniz resim yapabilir ya da beğendiğiniz bir evin resmini çekip kullanabilirsiniz. Bu kadar kolay bir çalışma olacak. Verdiğim bu adımları eksiksiz yaparsanız hızla dönüşümleriniz hayatınızda kendini size göstermeye başlayacaktır.

Gelelim hayal panomuzu nasıl yapacağımıza. Bir adet fotoğrafınızı hazırladığınız kâğıdınıza ya da kartona tam ortasına gelecek şekilde sabitleyip yapıştırın. Lütfen fotoğrafınız mutlu, pozitif görünenlerden seçilmiş olsun, anlaştık mı? Fotoğrafınızı sabitledikten sonra etrafına baloncuklar çizip bu baloncukların içerisine isteklerinizi yazın. Yazarken asla olumsuz kalıp kullanmıyorsunuz. Şöyle yazabilirsiniz mesela: Kırmızı renk araba almayı seçiyorum ve öyle de oldu. Yazabildiğiniz kadar niyet yazabilirsiniz. Sonra bu panoyu gözünüzün en çok görebileceği yere asacaksınız. Her gün düzenli olarak bu hayal panonuza bakın ve gazetede, mecmualarda, dergilerde, hayallerinizi anlatan bir resim görünce hemen kesin ve panonuza o niyete ait yazının üzerine sanki olmuş, o arabayı almış gibi bu resmi yapıştırın.

Hayal panosu her daim göreceğiniz yerde olmalı, bunu unutmayın. Dileklerinizi yazdığınız her baloncuğa içinize sinip en sıcak gelen görseli bulunca bu dilek olmuş sevinciyle yapıştırın. Bu olaya baloncuklar dolana kadar acelesiz devam edilecek. Ardından bütün dileklerinizin baloncukları dolduysa artık diğer adıma geçeceksiniz. Bütün arzu ve de niyetlerinizin olmuş hâlini konuşup onu dillendirerek vuku bulmuş enerjisini harekete geçirme zamanı geldi demektir.

4
ONU KONUŞUN

İsteklerimiz, içimizde yatan yeteneklerin habercisidir.
JOHANN WOLFGANG VON GOETHE

4.ÖDEV
ONU KONUŞMAYI SÜREKLİ SÜRDÜRÜN. ENERJİSİNİ HAREKETE GEÇİRİN.

Bu adımda dilerseniz grup çalışması yapabilirsiniz. Aynı adımları sürdürmüş başka bireylerle de bir araya gelip hayallerinizin artık olmuş hâlini konuşun. Bu konuyu konuşmak için illaki çalışmayı yapmış olması elbette önemli değil sizin en yakın arkadaşınız ile de oynayacağınız keyifli bir oyundur. "Benim mucizem gerçek oldu, istediğim o arabayı aldım ya da istediğim o ev artık benim ve içini yeniden döşedim. Salona tam da istediğim koltuk takımlarını aldım ve şahane oldular. Perde fonları tüm dekorla uyumlu oldu. Halıları serince bütün uyum tamamlanıp renkleri ahenkle evimin duvarlarına yansıdı. Yemek takımlarımı da yeniledim. Çeyizimde sakladığım kahvaltı takımlarımı çıkarttım bu evime..." gibi bu oyunu gerçekmiş heyecanında sürdürmeye ve birbirinize anlatarak enerjinin coşkusunu çoğaltmaya devam edin.

Ama bunu anlatacak olduğunuz kişiler bu oyuna gönülden dâhil olmalı! Sizinle alay eden ve zihninizi manipüle edecek birileri olmamalı. Eğer bu durum için uygun arkadaşın yoksa veya grup oluşturacağınız toplu çalışma kişileri yok ise üzülmeyin. Kendi kendinize yine aynı oyunu sesli oynayabilir ve o hayale uygun materyaller alıp durumu böylece zihninize mühürleyebilirsiniz. Ayrıca bu listeyi ayda bir defa bile yapsanız yeterli, zihinde imgeniz taze kalsın ve arada minik de olsa bir eşya almanız enerjiyi taze tutacaktır. Ve hatta bu eşya değil mutfak için yemeklik bile olabilir. Makarna, soğan, patates, kabak, patlıcan vs.

Örneğin ev olarak yola çıkalım yine. Yeni evinize akşam yatmadan önce plan yapın, sırf o eve minik bile olsa bir ihtiyaç listesi oluşturun. Yarın bu liste için alışverişe gideceksiniz ve zihin iyice size teslim olacak. O da artık bu durumun gerçekliğini kabul edip ol enerjisine hız katacak. Listenize bir paket misafirler için renkli peçete, mis kokulu mum, bir minik buket papatya, sebze gibi ihtiyaç listesi oluşturup ardından ertesi gün de onları temin etmek için planlı olun. Uyanınca bu plan hangi saatte isterseniz gerçeğe dönüştürülmek üzere eyleme geçilecek. Size uygun bir aralıkta evinize bu listenizi almaya çıkın ve alın.

Aldıklarımı saklamalı mıyım, kullanmalı mıyım diye düşünebilirsiniz. Kullanın, çünkü zaten siz yeni yer için alıyorsunuz tüm bunları, daha da gerçek olur enerjisi siz kullandıkça.

Arada eviniz için duvar kâğıdı modeli bakın ya da boya renkleri seçin. Saksılar alıp tohumlar ekin. Anlayacağınız oynadığınız oyunu ciddiye alın ki oyununuz gerçek olsun. Siz bir şeyi kalben istediğiniz zaman enerji bedeniniz evrene bu yoğunlukta teklif dalgaları oluşturarak sinyaller gönderir. Ve bu gönderdiğiniz frekansınız size eko yaparak geri döner hem de her defasında. Israrcı olup ihtimalleri ne kadar yukarıda tutarsanız da isteğinizin olması için en uygun şartların ağı örülür yaşamınızda. Tezahür eder her niyetin ve her arzun. Verdiğim uygulamaları gerçekleştirip ardından isteklerinizin evrene dalgalanıp eko sistemi ile size yansıyacağı o şahane anı bekleyin.

Ardından da lütfen mucizelerinizi bana Instagram sayfamdan, DM'den veya mail adresimden yazarak benimle de paylaşın. Belki bir sonraki kitabımda ikimizin hikâyesi olur kim bilir?

Yeniden sarılmak ümidiyle.

Çokça sevgi ve sonsuz ışıkla kalın…

***

Önümüzde olanlar ve arkamızda bıraktıklarımız,
İçimizde taşıdıklarımızın yanında hiç kalır.
İçimizde yatan şeyi dışa vurduğumuzda mucizeler
gerçekleşir.
HENRY DAVID THOREAU

Son Söz

Her kırıldığında biraz daha keskinleşir, biraz daha güçlenirsin.

Acıların güçlendirir seni, acılar dönüştürür ve acılar geliştirir her insanı.

Yıkımlar, yıkım olarak algıladığımız tüm yıkılışlar yeniden ve güçlenerek ayağa kalkıp şaha dikilmek içindir çoğu kez!

Hatta hep…

Çünkü acı güçlenmeni talep eder senden ve bu değişmez bir yaşam kuramıdır.

En büyük başarı hikâyelerini dinleyenler bilir o insanlar kendini küllerinden yeniden doğurdular hep.

Mum gibi yandılar.

Mum gibi eridiler.

Fakat hep aydınlıkta ömür geçirdiler.

Kendi içinde yanarak bile olsa ışığın aydınlığında yaşayarak geçip gittiler.

Yanmayı bir bedel değil etrafı da aydınlatmak olduğunu bildiler.

Yaşamdaki en büyük öğretmen ve dönüştürücüdür kader zannettiğimiz sınavlar.

Korkma, şükret, keder ve hüzün sandığın her öğretine.

Hayat, bitti dediğin yerden tekrar filiz vererek başlar hep.

Yeter ki başını az kaldırmayı dene gömülü olduğunu zannettiğin o yerden.

Silkelen…

***

Ruhsal Haritam / Kevser Demet

Yaşam yolculuğunun sihirli deneyimlerini sen de bana anlatmak istersen aşağıdaki adreslerden ulaşabilirsin.

Instagram: **@kevserdemet**

e-mail: **kevserdemet@gmail.com**